LA COMTESSE

DU CAYLA

LOUIS XVIII

ET

LES SALONS DU FAUBOURG

SAINT-GERMAIN

Sous la Restauration

PAR

M. CAPEFIGUE

AMYOT ÉDITEUR 8 RUE DE LA PAIX

LA COMTESSE DU CAYLA

PARIS. — E. DE SOYE, IMPRIMEUR, PLACE DU PANTHÉON, 2.

LA COMTESSE

DU CAYLA

LOUIS XVIII

ET

LES SALONS DU FAUBOURG SAINT-GERMAIN

SOUS LA RESTAURATION

PAR

M. CAPEFIGUE

PARIS

AMYOT, ÉDITEUR, 8, RUE DE LA PAIX

M D CCC LXVI

1866

Au mois d'août 1823, une fête splendide réunissait à Saint-Ouen, tout ce que la cour de Louis XVIII avait de gentilshommes distingués et de femmes élégantes : on inaugurait le portrait du Roi de France, peint par Gérard ; les poëtes chantaient le talent de l'artiste en rappelant son tableau *De l'entrée de Henri IV à Paris* :

Du Roi qui sut aimer, boire et combattre,
Ton art divin aux Français réjouis,
A rappelé les traits épanouis.

Le château de Saint-Ouen resplendissait de lumières; les îles de la Seine couvertes de bâteaux pavoisés rappelaient les fêtes de Versailles et de Marly.

Au château de Saint-Ouen avait été signée la déclaration du roi Louis XVIII (1) qui assura la liberté et la paix à la France. Peuple oublieux, nous renions nos annales, nous dévorons nos ancêtres. Que d'efforts il faut faire, que de préjugés il faut vaincre pour arriver à la vérité sur le gouvernement de la Restauration, sur son honnêteté, sa patience, sa modération, sa dignité, surtout dans ses rapports avec l'étranger, deux fois amené à Paris par les grandeurs de la conquête et les enivrements de la gloire !

Les Anglais ont plus de justice et d'impartialité historique : s'ils ont expulsé les Stuarts pour constituer un gouvernement fort et national, mieux en rapport avec leurs habitudes et leur droit public, ils gardent un profond respect pour les Stuarts, la race chevaleresque : ils aiment, ils poétisent même le caractère de Charles II, ce galant souverain qui créa la politesse, les bonnes manières de la haute société anglaise ; cette cour des Stuarts, si ravissante,

(1) Avril 1814.

qui s'est reflétée dans les *Mémoires d'Hamilton*. L'aristocratie anglaise a gardé sa puissance de tradition, son droit d'aînesse, son Église, ses cours de justice, son jury, sa liberté et son Parlement souverain, sans jamais manquer de loyauté envers ses nouveaux Rois de la maison de Hanovre.

Et nous, la nation polie, spirituelle par excellence, nous n'avons rien conservé de nos vieilles traditions : trop pénétrés de l'idée un peu nuageuse des principes de 1789, que nul ne peut précisément définir, nous répudions avec colère le passé de notre histoire; nous ne parlons qu'avec dédain de nos Stuarts, de Louis XVIII, ce roi habile et modérateur, qui, en donnant la Charte, assura la liberté à la France après la dictature la plus absolue; les hommes de la Restauration sont oubliés, méconnus, calomniés. Les historiens ont des formes souverainement dédaigneuses pour juger leurs actes et apprécier leur politique.

Tout empreint de ces réflexions, nous

visitâmes, il y a quelques mois, le château de Saint-Ouen.

Ce pavillon, de construction italienne, n'a rien de grandiose ni de somptueux; c'est un bâtiment tout de plein pied, aux petites proportions, comme l'admirable bijou de Luciennes; on traverse quelques pièces simplement meublées, où se détache le portrait du maréchal de Beauvau, souvenir de famille. Le dernier salon est le sanctuaire de la Charte : une belle toile de Gérard représente le roi Louis XVIII, assis devant la modeste table de bois blanc, souvenir historique d'Hartwell. La figure du vieux monarque est belle; son front large et digne fait ressortir des yeux pleins d'esprit et d'un peu de malice; sa bouche, pincée et souriante, reste railleuse; le nez est Bourbon, le menton admirable; Louis XVIII est simplement vêtu de l'habit qu'il portait dans l'exil, bleu-clair, sans autre décoration que le cordon de l'Ordre que les rois de France doivent toujours porter, depuis Henri III. Un peu maladif, ouffreteux, le Roi a les jambes recou-ertes de guêtres anglaises, comme un entilhomme campagnard des comtés. ’ensemble du portrait respire un air de uiétude et de bonheur parfait; on dirait ouis XVIII satisfait de son œuvre histo-que.

On a écrit bien des chroniques sur l’ori-ine de cette Déclaration; on a dit qu’elle vait été imposée au Roi par les cabinets trangers, et que le prince de Talleyrand en vait dicté les formules. C’est ne pas con-aître le caractère et la vie de Louis XVIII, plus fier, le plus digne des monarques, ême dans l’exil. La déclaration de Saint-uen fut le résumé des pensées, des prin-pes de toute sa vie; ces principes, il les vait exprimés dans sa correspondance l’exil avec l’abbé de Montesquiou, . Royer-Collard, ses agents en France; ouis XVIII était pleinement convaincu a’avec les lumières du siècle et l’avan-ment des idées libérales, il était im-ossible de gouverner la France sans lui donner les conditions du gouvernemen représentatif. Le préambule de la Chart dit toute la pensée du Roi.

« La divine Providence, en nous rappelant dans nos Etats après une longue absence, nous a imposé de grandes obligations. La paix était le premier besoin d nos peuples : nous nous en sommes occup sans relâche ; et cette paix si nécessaire la France, comme au reste de l'Europe, es signée. Une Charte constitutionnelle étai sollicitée par l'état actuel du royaume nous l'avons promise, et nous la publions Nous avons considéré que, bien que l'autorité tout entière résidât, en France, dan la personne du Roi, nos prédécesseur n'avaient point hésité à en modifier l'exercice suivant la différence des temps ; c'es ainsi que les communes ont dû leur affranchissement à *Louis le Gros ;* la confirmation et l'extension de leur droit à *sain Louis* et à *Philippe le Bel ;* que l'ordre judiciaire a été établi et développé par les loi de *Louis XI*, de *Henri II*, et de *Charles IX*, ınfin *Louis XIV* a réglé presque toutes les ıarties de l'administration publique par lifférentes ordonnances dont rien n'avait urpassé la sagesse. — Nous avons dû, à 'exemple des rois, nos prédécesseurs, ıpprécier les effets des progrès toujours ;roissant des lumières, les rapports nou'eaux que ces progrès ont introduits dans la ociété, la direction imprimée aux esprits lepuis un demi-siècle et les graves altéraions qui en sont résultées. Nous avons econnu que le vœu de nos sujets, pour ıne Charte constitutionnelle, était l'exıression d'un besoin réel. »

La Charte fut donc une concession libre, pontanée de Louis XVIII, pour renouer a chaîne des temps : seulement le Roi ı'avait pas assez tenu compte de la force .udacieuse de l'esprit révolutionnaire ; ce ı'était pas la liberté calme et régulière que la Révolution voulait réaliser, mais 'égalité désordonnée qui se couronne inlexiblement par la dictature : après les ;rands troubles, il faut les fermes répressions : A Rome, les guerres civiles se ter minèrent par les Triumvirs et les César la Révolution française avait besoin d'u pouvoir réglé et unitaire : on put bient se demander si le libre gouvernement pa la Charte n'était pas une imprudence une illusion et une impossibilité.

Le travail a été long : quelques esprit politiques, calmes et impartiaux, com mencent à rendre justice à la Restaura tion, à reconnaître les seize années d paix, de bonheur et de repos qu'elle nou donna : 1814 et 1815 avaient laissé l France deux fois envahie par les étran gers ; il fallait la sauver de l'occupation et Louis XVIII accomplit cette œuvre dif ficile avec autant de persévérance que d dignité ; il sauva le pays d'un partage. Le hommes pratiques, qui étudient aujour d'hui les documents sérieux des affaires étrangères, reconnaissent la grandeur l'habileté, la dignité de nos relations ave l'Europe, sous Louis XVIII et Charles X : qui peut contester la supériorité de M. de

Talleyrand, notre maître à tous, dans les actes du Congrès de Vienne? Le duc de Richelieu, le comte de la Féronays furent les plus honnêtes, les plus dignes des ministres des affaires étrangères; la parole du duc de Richelieu suffit pour mettre un terme à l'occupation de l'étranger.

Quelles que soient aujourd'hui les préventions contre la tribune, il faut bien admirer les beaux débats et les illustres orateurs de la Restauration : MM. de Serre, Pasquier, Lainé, le général Foy, Royer-Collard, Casimir Perrier, Camille Jordan, discutant les plus hautes questions d'ordre et de politique. Le pays avait alors le juste orgueil de régler ses propres destinées : ce ne fut pas le gouvernement de la Charte qui succomba sous son principe; il fut frappé au cœur par l'esprit de la Révolution. Ainsi, ceux qui disent que le gouvernement représentatif périt par le vice de sa création, se trompent : il tomba devant l'esprit des factions, inséparables des désordres. Les conspirations actives, persévérantes, rendaient impossible un gouvernement calme, régulier, libéral; la Charte fut pour eux un instrument de destruction et jamais une constitution loyalement acceptée.

La société française a-t-elle gagné ou perdu à changer son principe de gouvernement? nous ne discutons pas ces questions délicates : chaque forme du pouvoir a ses mérites; les faits et les institutions se mettent toujours en harmonie : Dieu n'a jamais abandonné les sociétés, même quand elles l'abandonnent. Ce livre n'est pas une thèse politique, mais un récit; l'ordre et le repos sont un si grand bonheur, qu'il faut toujours respecter, aimer même le gouvernement qui les assure; notre génération s'est jetée dans des voies nouvelles; elles ont leur valeur particulière; l'association tend à remplacer la famille; on se coudoie, on se heurte : les uns succombent, les autres réussissent, et, dans ce pêle-mêle, le char roule toujours; les vaincus engraissent la terre et fertilisent le sol ; il s'est fait une transformation; bonne ou mauvaise elle existe, il faut s'y accoutumer : ne vivait-on pas à Babylone fort doucement et heureusement? Aujourd'hui on s'accoutumerait à la tour de Babel, on la mettrait en actions pour la démolir.

La Charte et la Restauration, pour l'immense majorité, sont des choses mortes; n'est-ce pas une raison de plus pour parler de ces temps, avec justice et modération ! La liberté constitutionnelle fut son œuvre; il serait peut-être difficile de la rétablir pour les nouvelles générations, brillantes d'industrie, trop préoccupées d'intérêts actifs, matériels ; la liberté est une œuvre grave, laborieuse ; les sociétés modernes s'absorbent dans le travail et les intérêts ; ce qu'elles ne donnent pas au labeur quotidien, elles le dépensent en plaisir matériel. Ne les heurtons pas dans leurs tendances ; les époques qu'on appelle de décadence, ont un charme particulier pour les sociétés sensualistes ; à Rome, le peuple était plus heureux sous Domitien et Héliogabale qu'au temps de Caton et de Brutus. Sous les Césars s'élevèrent les plus vastes monuments de Rome : les aqueducs, les palais, les larges voies. Le peuple était heureux au milieu des cirques ; on le nourrissait (*panem et circenses*), on lui distribuait des millions de sesterces; il avait ses jeux immenses, ses gladiateurs; on engraissait les murènes avec la chair des martyrs et des esclaves, pour exciter l'appétit blasé des jeunes patriciens que le pli d'une rose blessait. Cette société avait son calme, son repos : qui lui aurait parlé de liberté, de patrie, d'ancêtres aurait été mal écouté ; le seul cri aimé, applaudi, était le *Io Bache* des mystères de la bonne déesse.

Ce livre est surtout destiné à faire connaître une société aujourd'hui bien oubliée : le faubourg Saint-Germain, ses salons, ses causeries, son élégance, ses hommes d'État et d'esprit, depuis MM. de Châteaubriand, Fontane, de Maistre, Boald, jusqu'à ses plus nobles marquises. Nous retrouverons là bien des traditions perdues, bien des manières qui ne sont plus comprises. De temps à autre pourtant, on rencontre encore un de ces débris, on écoute le gazouillement de quelques jeunes filles, sorties du couvent pour revêtir la robe de fiancée; on salue cette politesse exquise, sans fierté, sans dédain, qui accueillait et protégeait tous les talents; la trace s'en perd tous les jours : les fils mêmes ne ressemblent pas plus à leurs mères, nobles figures qui disparaissent comme des fleurs fanées de l'époque de Louis XV, de Trianon et de Marie-Antoinette.

Le faubourg Saint-Germain n'était pas un quartier, une cité, c'était une seule famille, qui se mêlait peu et transportait partout son esprit. Sous la Restauration, il forma un parti politique, se séparant de Louis XVIII et de son ministre favori; il avait des idées particulières sur le gouvernement; s'il acceptait la Charte, il pensait

que l'œuvre du Roi n'était pas en rappo
avec l'esprit des provinces, les traditio
municipales ; il y avait dans la Charte tro
de révolution et pas assez de libertés lo
cales : le faubourg Saint-Germain, peti
Fronde, rappelait l'opposition des gentils
hommes et des parlements.

Mme la comtesse du Cayla prit aupr
de Louis XVIII un rôle très-élevé ; il fa
laisser aux vilains esprits les contes d
Boccace. Le Roi était poli, galant comm
un gentilhomme du vieux régime ;
aimait les causeries spirituelles, le se
élevé d'une femme du haut monde, q
cherchait à atténuer les répugnances d
Roi pour le faubourg Saint-Germain. L
comtesse du Cayla fut la fée politique q
présida au triomphe du parti royalist
sous le ministère de 1821, dirigé par
duc de Montmorency, M. de Château
briand et le comte de Villèle, c'est-à-di
l'honneur, l'intelligence la plus brillant
et l'esprit pratique des affaires.

Nous n'avons vu que ce noble côté dan

e prestige que la comtesse du Cayla exerça sur le roi Louis XVIII, et l'auteur se félicite de n'avoir jamais écrit l'histoire qu'en ecouant les tristes anecdotes des pamhlets.

Saint-Ouen, 10 mai 1866.

LA COMTESSE DU CAYLA

LOUIS XVIII

ET

LES SALONS DU FAUBOURG SAINT-GERMAIN

SOUS LA RESTAURATION

I

LES ORIGINES ET L'ACTION POLITIQUE DU FAUBOURG SAINT-GERMAIN

1660 — 1814

La création du faubourg Saint-Germain se rattache à l'histoire de Louis XIV : le Roi, toujours un peu irrité contre la place Royale, siége de la Fronde, répéta des mots si piquants sur le Marais, que nul courtisan désormais ne put y demeurer. Ce vieux quartier de l'opposition resta chéri de la magistrature et de quelques familles de haute noblesse malcontentes : l'hôtel Sully était dans la rue Saint-Antoine, celui des Montmorency près des Blancs-Manteaux. Le maréchal de Richelieu vendit son hôtel près des Minimes à l'ambassadeur d'Espagne ; les Soubise avaient acquis le riche manoir des Guises, près du Temple, alors demeure des Vendôme, puis des Conti. Le Marais était un quartier grave, sérieux qui sentait encore la poudre du canon de la grande Mademoiselle à la Bastille (1).

En face des Tuileries, sur la rive gauche de la Seine, s'étendaient de vastes prairies, des jardins verdoyants autrefois le Pré-aux-Clercs, à la mode sous Henri III, et presque abandonné sous Louis XIV. Ce terrain plat, étendu, était très-favorable à la construction d'un quartier neuf. Mansard en dressa le plan. Les rues tracées larges, longues et droites, prirent les vieux noms de l'Université, de Grenelle, de Varenne, Belle-Chasse (2). Un peu plus tard on commença la rue de Bourbon, ainsi nommée à cause du palais des Condé qui allait s'élever sur les bords de la Seine (3).

Les hôtels construits sur ces terrains, presque tous bâtis sur les mêmes plans, conservaient l'air de grandeur, d'élégance des plus belles

(1) On trouve dans mon livre sur *Ninon de Lenclos,* une étude sur les mœurs et les belles Dames de la place Royale.

(2) Ce nom, qui devint ensuite celui d'une abbaye, fait supposer qu'on chassait dans les vastes enclos des jardins.

(3) Aujourd'hui le Corps-Législatif. L'hôtel primitif des Condé était près du Luxembourg.

lemeures de Versailles. Le centre du bâtiment ıe s'élevait pas à plus d'un étage sur le rez-de-:haussée, divisé en salons, galeries couvertes l'admirables sculptures et des peintures de maî-res; les communs formaient un bâtiment tout ı fait séparé et destiné aux gens : les pages et e premier valet de chambre seuls demeu-aient dans l'hôtel (1) : derrière se déployaient les jardins immenses, la plupart dessinés n parc; on courait le lièvre et les perdreaux à Belle-Chasse : et l'hôtel des Castrie, rue de Varenne, embrassait cinq arpens, avec des écu-ies pour cent chevaux.

Tant que la Cour fut à Versailles, le faubourg Saint-Germain n'eut que très-peu d'influence et it peu de bruit : la grande noblesse vivait au-our de la demeure royale. Sous Louis XIV, Louis XV et même Louis XVI, elle ne venait à Paris que pour assister à l'Opéra, visiter ses etites maisons, ses courtisanes adorées, ou pour quelque réunion de littérature et de philosophie. Les malcontents, les économistes, les chercheurs le popularité seuls vivaient à Paris. Lorsque

(1) Les écuries n'étaient jamais dans l'hôtel; quelque-ois même elles en étaient éloignées.

l'insurrection du mois de juillet 1789 amer Louis XVI aux Tuileries, cette haute nobles prit possession de ses hôtels : « afin, disait-ell d'entourer, de défendre et de conseiller le Roi. Par une circonstance assez curieuse, presqu tous les grands noms du faubourg Saint-Ger main s'étaient jetés dans les idées nouvelles d États généraux : les Montmorency, les La R chefoucauld, les Biron, les Charost-Béthune, l Noailles, Talleyrand, Narbonne-Pelet, Custin défendaient les idées de la Constituante ; la plu part n'émigrèrent qu'à la seconde période (1792 quelques-uns servirent même la République, qu eut ses généraux Custine, Biron, Noailles, Beau harnais, Beurnonville. Il y eut une hécatombe d haute noblesse en 1794 (1). Le tribunal révolu tionnaire frappa quatre-vingt-deux grands nom du faubourg Saint-Germain : vieillards, jeune hommes, nobles douairières. La confiscatio porta ravage dans les plus beaux hôtels ; quel ques-uns furent vendus à des spéculateurs d'autres destinés aux services publics, devinren

(1) Mars et juin 1794. MM. de Custine, Biron, Beau harnais, généraux de la République, périrent sur l'écha faud.

les ministères des relations extérieures, de l'Intérieur ou de la Guerre. Il se fit une invasion de parvenus dans le faubourg Saint-Germain : un tanneur de cuirs devint propriétaire d'un des plus riches hôtels de la rue Saint-Dominique.

Sous le Directoire, beaucoup de gentilshommes, rayés de la liste des émigrés, entourèrent facilement le directeur, comte de Barras, gentilhomme d'une illustre famille, vieille comme les rochers de la Provence. On obtint la restitution des hôtels du faubourg ; mais, tout en acceptant ces faveurs, en se mêlant aux plaisirs et même aux affaires, les nobles gardèrent un peu l'esprit railleur, une supériorité de manières, une élégance de formes qu'ils n'avaient jamais abdiqués. Entre MM. de Talleyrand, de Ségur (1), Montesquiou-Fézensac et les Siéyès, les Roger-Ducos, les Merlin, il existait tout un monde d'idées, de manières et d'éducation ; on pouvait les grouper les uns à côté des autres, jamais ils ne seraient confondus.

Le Consulat ouvrit la frontière presqu'à toute la vieille noblesse. Les grandes familles reçurent

(1) Les aimables et spirituels comtes de Ségur, alors les citoyens Ségur, étaient poëtes et faiseurs de romans.

la restitution de leurs biens, en échange d'une épée que les jeunes gentilshommes acceptaient comme une tradition et un métier de famille : le premier Consul aimait les anciens noms : Joséphine était une Beauharnais (1), souvenir chéri de la noblesse de Louis XVI. Le faubourg Saint-Germain essaya de se reconstituer avec ses traditions et ses espérances (ce qu'on a depuis appelé ses préjugés). Deux périodes partagent la société et la cour de l'Empire. L'esprit de la Révolution domine jusqu'en 1806, comme on voit encore sur les monnaies : *République française* : *Napoléon Empereur*. Les salons se ressentent encore du Directoire ; la plupart des dignitaires, vieux conventionnels assouplis sous une main de fer, ou braves soldats, sans autre éducation que la vie des camps, créés ducs, comtes, barons, n'avaient tout juste qu'un peu de politesse et très-peu d'ancêtres. En 1807 renaissent les habitudes du faubourg Saint-Germain ; l'almanach impérial témoigne que beaucoup de hautes familles étaient appelées dans la maison de l'Empereur. En échange de la

(1) Le marquis de Beauharnais était un des plus élégants gentilshommes de la cour de Marie-Antoinette. (Voir mon *Trianon*.)

restitution des fortunes considérables, bois, châteaux, hôtels, Napoléon ne demandait aux gentilshommes que de le servir, et bien peu le refusèrent : l'Empereur reconstitua le faubourg Saint-Germain qu'il appelait autour de lui comme Louis XIV, par lettres closes. En échange, l'antique noblesse donna le lustre des traditions à la cour impériale (1).

En l'année 1810, après le mariage de Marie-Louise, le faubourg Saint-Germain entoura cette jeune impératrice, la fille des Césars, la propre nièce de Marie-Antoinette. Le comte de Ségur fut grand maître des cérémonies, M. de Mortemart gouverneur de Rambouillet, MM. de Contades, Croï, Montesquiou, Just de Noailles, Albert de Brancas, Charles de Gontaut, Auguste de Chabot, Lur Saluces et Beauvau furent nommés chambellans. Les plus sémillants des officiers d'ordonnance étaient : le comte de Montmorency, de Chabriant, de Mortemart et de Montesquiou. Dans la maison de l'Impératrice, le premier aumônier était le cardinal

(1) Seulement l'Empereur transformait leurs titres : bien des ducs furent faits comtes : tels que les Montesquiou, les Mortemart, etc. C'est ce que Louis XVIII dans son exil ne pouvait comprendre.

Ferdinand de Rohan, ancien archevêque de Cambrai. Parmi les dames pour accompagner se trouvaient MM^mes de Talhouet, de Bouillé, de Brignolles, de Périgord, de Beauvau, de Mortemart, de Montmorency : dans la maison de Joséphine, et des princesses Pauline, Hortense, se trouvaient MM^mes de Viel-Castel, de Rémusat née de Vergennes, de Béarn, de Colbert et de Turenne (1). Les préfectures comptaient les noms de Cossé Brissac, Chatillon, La Tour-Du-Pin, Noailles, La Rochefoucauld et même le marquis Beaupoil Saint-Aulaire.

Dans le cérémonial du mariage, on avait vu se réveiller toutes les formules monarchiques les hérauts d'armes à blason, les pages, les voitures armoriées (2). A Notre-Dame on emprunta les prières du mariage de Louis XVI avec Marie-Antoinette. Lorsque le Roi de Rome naquit il y eut une maison des enfants de France la comtesse Montesquiou en fut la gouvernante jusqu'à l'âge de sept ans, que l'enfant-roi devait

(1) Tous ces noms se trouvent dans l'*Almanach de la Cour ;* quelques douairières restaient seules fidèles au vieux culte.

(2) Pour les véritables érudits dans l'art héraldique, les blasons de l'Empire sont très-mal groupés.

avoir pour passer entre les mains des hommes, comme le Dauphin de France. En un mot, on suivit pas à pas l'*Almanach royal* de 1786, avec un cérémonial plus minutieux encore. Tout, jusqu'aux mœurs, prenait l'allure de la vieille Cour : les aides-de-camp, les chambellans, les auditeurs musqués remplaçaient les mousquetaires, les officiers aux gardes et les petits abbés. L'Empereur voulait avoir son faubourg ; il y réussit mal ; si l'on servait Napoléon, le front abaissé devant une si prodigieuse fortune, on ne lui sacrifiait ni ses souvenirs, ni ses affections, ni sa dignité.

Le noble faubourg que l'Empereur voulait grouper autour de son génie n'était pas une réunion de vieillards et de douairières surannées ; il formait en 1810 la plus charmante société de femmes jeunes, spirituelles, d'un esprit caustique et qui ne caressaient pas toujours la main qu'on leur tendait. Le coursier obéissait au frein, mais il frémissait, ainsi que le dit plus tard Napoléon (1). Tous les bons mots, les épigrammes venaient du faubourg Saint-Germain, mêlé à la Cour, sans se confondre, comme

(1) Lisez sa conversation avec Benjamin Constant de Rebecque, en 1815.

le Rhône majestueux au milieu des eaux du lac de Léman ; il s'exprimait quelquefois avec une telle impertinence que l'Empereur éclatait en menaces. Un jour il s'emporta contre la duchesse de Chevreuse (Luynes, née Narbonne-Pelet), dame d'honneur de Joséphine, qui faisait de l'opposition en épigrammes : « Qu'elle prenne garde, s'écria-t-il, que je ne fasse réviser le procès du maréchal d'Ancre ; » c'était en effet à cette confiscation que la famille d'Albert de Luynes devait son immense fortune (1). Bientôt Napoléon s'arrêtait devant les manières si convenables, si élevées, qui le séduisaient et l'entraînaient à de nouvelles concessions. D'ailleurs, les fils de cette noblesse étaient si braves sur le champ de bataille, si fidèles, si glorieusement épris de son génie ! Que pouvait-il re

(1) La duchesse de Chevreuse était la grande amie de M. de Talleyrand : quand elle fut nommée dame d'honneur de l'Impératrice, elle vint tout habillée chez M. de Talleyrand et lui dit : « Eh bien, je vais sauter le pas je prête serment de fidélité ; » « duchesse, répondit M. de Talleyrand, je trouve que pour prêter serment de fidélit vous avez les jupes bien courtes. » La duchesse de Chevreus refusa par des paroles très-dures la place de dame d'honneur auprès de la reine d'Espagne exilée à Valençay : « J n'ai jamais été geolière. »

procher aux Ségur, aux Colbert, aux Beauvau (1) présentant leurs poitrines à l'ennemi ? l aimait, sur un champ de bataille, appeler autour de lui les noms de Flahaut, Caulincourt, Las-Cases, Turenne, Montmorency, Lariboissière, Caraman, Périgord. Par une distinction particulière, ceux-là, il ne les tutoyait pas. Cette familiarité, il la réservait aux généraux qui devaient tout à la Révolution. Dans le camp des gentilshommes, aucune parole insolente ; ceux-ci, au reste, respectueux, obéissants devant l'Empereur, ne l'auraient pas souffert.

La fin de l'année 1813 offrit un caractère particulier de tristesse ; le 9 novembre, l'empereur Napoléon rentrait silencieusement la nuit, l'esprit agité, dictant le bulletin qui annonçait le désastre de Leipsick. Après le profond désespoir des âmes causé par la retraite de Russie, la France s'était relevée ; sans calculer les sacrifices elle avait donné huit cent mille conscrits, cinq cent millions, les gardes d'honneur, otages des nobles familles, les biens des hos-

(1) Ces gentilshommes furent dévoués jusqu'à la fin. M. de Las-Cases, qui le suivit à Sainte-Hélène, M. de Montholon étaient du faubourg Saint-Germain.

pices, héritage des pauvres, hélas! toutes ces ressources venaient d'être dévorées dans une campagne de dix mois. Du Niémen, l'armée française était ramenée au Rhin. « Il y a un an, disait l'Empereur au Corps Législatif, l'Europe marchait avec nous, maintenant elle marche tout entière contre nous (1). » Ce triste tableau causa bien des désespoirs et fit naître bien des espérances. Jamais l'Empire n'avait été le dernier mot du faubourg Saint-Germain. Il y avait toujours eu dans les souvenirs et dans les cœurs d'autres idées, d'autres affections profondes. Il était comme un clan d'Écossais, dont le cœur battait fort quand on prononçait le nom d'un Stuart. Sans trahir la cause à laquelle ils s'étaient loyalement rattachés, quelques-uns de ces gentilshommes portaient les yeux sur une royale famille exilée ; on se parlait bas de Mittau, de Hartwell, de Louis XVIII, du comte d'Artois de la noble fille de Louis XVI ; les femmes surtout, qui aiment plus passionnément les causes malheureuses, conspiraient moralement contre l'Empire, même au temps de ses splendeurs

(1) Discours de l'Empereur à l'ouverture de la session de 1814.

Qu'allait-il arriver à l'heure de la décadence ? car chaque système a ses conditions d'existence ; quand elles cessent, le système entier est menacé. Ainsi il fallait la victoire, le succès à l'Empire, un de ces établissements vastes et glorieux qui ne supportent pas le malheur. L'Empereur était l'héritier du comité du salut public, le plus énergique, le plus absolu du gouvernement (1) ; et ce caractère était incrusté depuis la base jusqu'au sommet de son édifice. En vain, il avait voulu le badigeonner avec des couleurs monarchiques, la Révolution était toujours là, avec ses exigences, ses principes, ses nécessités. En frottant la peau de tous ces nobles de nouvelle origine, vêtus en troubadours, comme on le voit encore sur les vieux meubles, on trouvait les fortes membrures des conventionnels, ou les fiers soldats de Hoche, Pichegru, Masséna ; ils pouvaient dissimuler, en se couvrant de leur manteau de soie, le vieil homme apparaissait au-dessous. Napoléon avait dit avec son grand sens : « Le royalisme est une

(1) L'Empereur parlait toujours avec une sorte de respect du comité du salut public, dont je veux écrire l'histoire sérieuse et peindre cette dictature formidable dans ses rapports avec l'Europe.

maladie de peau, on s'en débarrasse; le jacobinisme est une maladie de cœur et de sang, on en meurt mais on ne la guérit pas. » Contemplez à Versailles les portraits de Fouché (duc d'Otrante), de Cambacérès (prince de Parme), de Réal, de Merlin, faits comtes, ils sont couverts de croix, d'insignes, de robes, de toques de velours, de broderies; mais tous semblent encore siéger à la Convention, à la commune de Paris, ou parcourir les départements en proconsuls.

L'idée révolutionnaire dominait en France et l'on assistait à une scène étrange. Deux ans à peine étaient écoulés depuis le mariage de l'Empereur avec une archiduchesse d'Autriche, et tout l'Empire avait salué le Roi de Rome; eh bien! au mois d'octobre 1812, un officier presque inconnu, le général Mallet, essayait une révolution au seul bruit de la mort de l'Empereur. En présence d'une entreprise aussi hardie nul des fonctionnaires ne songea qu'il existait un successeur du nouveau Charlemagne: nul ne cria: *l'Empereur est mort, vive l'Empereur* (1) : un gouvernement provisoire put s'or-

(1) Voyez le rapport au conseil d'État, appelé à dé-

aniser à côté du berceau du Roi de Rome, pour roclamer la République ou bien tout autre orme de gouvernement, sans se préoccuper de hérédité impériale (1).

Le moment décisif semblait donc bien proche la fin de 1813 et le faubourg Saint-Germain sentait venir ! il s'était formé un noyau d'opposition, qui, fortement contenu aux jours des rospérités de l'Empire, s'était augmenté de la ourde résistance du parti religieux après la aptivité du pape Pie VII. A la tête de ce parti ait le vicomte Matthieu de Montmorency (2), reentant de ses erreurs; son agent principal était homme de fermeté et de courage, M. Franchet, messager intrépide qui passait à travers la olice pour transmettre la correspondance. Les onvictions religieuses sont les plus forts éléments de courage : M. Franchet était renfermé

der sur la culpabilité du comte Frochot, préfet de la eine.

(1) Le triomphe du général Mallet ne dura que six eures, mais il fut marqué d'étranges péripéties, que j'ai acontées dans mon *Histoire de la Restauration*.

(2) Le vicomte Matthieu, élève de l'abbé Siéyès, avait rtement soutenu les premiers actes de la Révolution. Fort avec Mme de Staël et le marquis puis duc de Sabran, s'était vivement repenti.

au Temple, d'autres à Vincennes, MM. de P lignac dans des prisons d'État, et la corre pondance continuait toujours. Il existait da le faubourg Saint-Germain une conspirati morale, répétant tout bas avec M. de Talle rand : *c'est le commencement de la fin.*

Après la conjuration Mallet, l'Empire prit u singulière physionomie; toutes les phrases c *Moniteur* étaient *ultra* monarchiques et rapp laient les axiômes du vieux régime. L'Empere avait parlé des lois antiques et des traditions nos pères ; il avait exalté les magistrats tels q Matthieu Molé (1) exposant leur vie pour l'hér dité. « Nos pères, dit l'Empereur au Séna avaient pour cri de ralliement : « Le Roi e mort, vive le Roi ! » Dans ce peu de mots so compris les principaux avantages de la mona chie. » Napoléon proclamait la légitimité.

Toutes les adresses furent désormais écrit sur les mêmes thèmes : on refaisait la vieille m narchie bien au delà des doctrines du faubour Saint-Germain dans les lois du respect pour l

(1) Le comte Molé, son arrière-petit-fils, grand juge trente ans, fut comblé de toutes les faveurs : l'Empereu voulait le donner comme gouverneur au Roi de Rome.

ouronne. A mesure que le vaste Empire s'écrou-
ait, on savait dans les nobles hôtels de la rue de
'arenne, de Grenelle, de Saint-Dominique,
u'à Paris une terreur générale se manifestait
ans tous les intérêts, dans toutes les opinions ;
n suivait avec anxiété les phases de la camagne de Napoléon, en 1814, pressé, enveloppé,
omme un noble cerf aux abois ; on savait encore
ue si quelques-uns croyaient à la victoire, au
iomphe des aigles de l'Empire, la majorité des
énéraux, tout en se sacrifiant pour la patrie,
n avait assez d'une résistance impuissante. On
vait cru un moment à la paix quand le congrès
e Châtillon (1) était réuni ; cet espoir déçu, que
estait-il ? Paris, qui n'avait jamais été menacé
érieusement durant les longues guerres de la
évolution et de l'Empire, avait déjà aperçu
es tours Notre-Dame la lance des cosaques !
ette capitale, enivrée de civilisation, allait-elle
 sacrifier pour la défense du berceau de den-
elle et de soie du Roi de Rome ? On devait
eu l'espérer. Dès que Paris n'aurait plus ses
ises, ses commodités, ses théâtres, ses plaisirs,

(1) Dans la préface des *Actes du Congrès de Vienne*. —
aris, Amyot, 2 vol. in-8.

le découragement se saisirait de toutes les âm et l'on capitulerait, non pas devant les arm ennemies, mais devant les privations et l'ennu les patriotiques sacrifices supposent un caractè un peu sauvage, et jamais les Parisiens n'imit raient les Moscovites, en renversant les ma sons incendiées sur la tête de leurs ennemis : C ne peut aujourd'hui se faire une idée de ce qu' tait Paris au 29 mars 1814, lorsque le corté morne et silencieux de l'Impératrice et du R de Rome prenait la route de Rambouillet, Chartres, pour se rendre à Blois et mettre action le gouvernement de la Régence (1).

(1) Consultez une brochure rare et curieuse : *La Régen à Blois.*

II

LOUIS XVIII ET LA FAMILLE DES BOURBONS. — SÉJOUR A HARTWELL. — LES ESPÉRANCES DU FAUBOURG SAINT-GERMAIN. — — LA JEUNESSE DE LA COMTESSE DU CAYLA.

1780 — 1814

Au milieu de ce découragement des âmes, sur les ruines d'un empire si splendide encore, tout ce qui avait à Paris une certaine importance dans l'État ou dans la société, recevait de temps à autre un tout petit imprimé (évidemment par l'intermédiaire des salons du faubourg Saint-Germain) ; il contenait une proclamation ou déclaration *signée Louis* : « Le Roi, qui n'avait jamais promis en vain, s'engageait à respecter les titres, les grades, les droits acquis, à amnistier tout le passé, à ne voir se grouper dans l'avenir qu'une grande famille française, sans distinction de rangs et d'opinions. Le Roi donnerait à la nation les institutions libérales dont elle était privée sous le despotisme impéria son avénement assurerait la paix et la récon liation de la France avec l'Europe (1). »

D'abord on prêta peu d'attention à ces peti papiers ; on les avait déchirés, cachés ensuite enfin quand les périls de l'Empire étaient dev nus plus grands et les existences plus menacée on les avait lus et commentés (2). La générati nouvelle avait été élevée dans une si profon ignorance du passé qu'on savait à peine l noms des princes de la maison de Bourbor Louis XVIII, sous le titre de comte de Lille, éta le plus connu, car, dans son exil, il n'avait ces d'écrire, de protester, de réclamer ses droits; e parmi les personnages les plus dévoués à l'En pire, plusieurs savaient parfaitement son hi toire, ses opinions, son caractère merveilleus ment appliqué aux choses sérieuses ; quelque uns même avaient appartenu à sa maison. L

(1) Quelques-uns de ces imprimés, fort rares aujou d'hui, sont dans les mains des curieux ; ils portent la da de novembre et décembre 1813.

(2) Je tiens du chancelier Pasquier que le haut fon tionnaire de l'Empire qui prêtait le plus d'attention à c petits papiers, c'était l'archi-chancelier Cambacérès ; s'informait des idées du comte de Lille sur les régicide

aubourg Saint-Germain classait le Roi parmi es philosophes, les libéraux : il n'avait pas ses ympathies, mais, par respect pour les lois fonlamentales de l'hérédité, il se rangeait autour le lui pour reconnaître son droit légitime d'héédité avant S. A. R. le comte d'Artois, dont es opinions, les manières, l'esprit chevaleresque laisaient davantage à la vieille noblesse.

M. le comte de Provence, mêlé à la Révoluion avec prudence et habileté, n'avait émigré que ard, en 1791 ; souvenir qu'il raconta avec esprit lans un petit volume, son *Voyage à Gand* (1). Mal accueilli par les purs royalistes, sa conduite vait été pleine de persévérance et de dignité lurant l'émigration : tant que Louis XVI fut oi, Monsieur, pour agir et négocier, n'avait ris que le titre précaire et contesté de Régent. 'Europe l'écoutait peu, et néanmoins le comte le Provence ne cessait de s'adresser aux cabiets pour se faire entendre et reconnaître. près la mort du roi Louis XVI, son activité ncessante l'avait fait intervenir partout avec une onstance qu'on raillait; comme si la persévé-

(1) On verra que le Roi publia ce voyage en 1824, sur s instances de Mme du Cayla.

rance n'était pas une des plus grandes forces d cœur humain ! il ne faut jamais désespérer d la fortune; chaque cause a son jour. Toutes le fois qu'au sein de la Révolution française s'éle vait une popularité considérable, un homme d gouvernement, Monsieur s'adressait à lui pou l'inviter à rendre la couronne aux Bourbons et restaurer la monarchie. Ainsi, il avait écrit a général Dumouriez et même, disait-on, au dicta teur sanglant Robespierre ; et cela simplemen comme s'il réclamait un droit indélébile et i contesté, une légitime propriété perdue (1).

Dans les accidents divers de sa fortun Louis XVIII n'avait jamais perdu ni abdiqué s dignité, je dirai presque l'orgueil de la maiso de Bourbon : quand on oubliait ce qu'on deva à ses malheurs, il le prenait de si haut qu'il c imposait à tous. La République de Venise, vieu et faible débris du moyen âge, avait eu la lâ cheté de consentir à l'expulsion de Louis XVII alors à Vérone ; le Roi lui fit demander l'épé

(1) Quelques personnes, et entre autres, M. Saint-Albi l'ami de Danton, m'ont dit avoir vu la lettre du Régent Robespierre; elle ne se trouve pourtant pas dans l'inve taire des papiers du dictateur, fait à la Convention apr le 9 thermidor, par Courtois.

que Henri IV avait donnée aux Vénitiens et il effaça son nom du Livre d'or du patriciat. Accueilli d'abord magnifiquement par le Tzar Paul 1er, à Mittau, puis exilé par un caprice, le Roi reprit son bâton d'exil, et, à travers les steppes et les glaces, il gagna péniblement la Suède, pour chercher un asile en Angleterre, ouverte à tous les proscrits. Il avait un moment visité l'armée de Condé, sur le Rhin ; une balle perdue avait menacé son front ; tous les gentilshommes effrayés étaient accourus autour de lui et le Roi répondit par un de ces mots qu'il savait si habilement dire : « Eh bien, quoi ! une ligne plus bas et le Roi de France se serait appelé Charles X. » Paroles de confiance et d'espoir !

Lorsque le général Bonaparte, saisissant le pouvoir avec énergie, avait réorganisé sous le titre de consulat un gouvernement fort et réparateur, Louis XVIII, pressentant cette haute destinée, s'était empressé de lui écrire, comme il l'avait fait au général Dumouriez, au dictateur Robespierre, à Pichegru, à Barras, pour lui demander sa couronne. Quand Napoléon, sur son refus, lui fit proposer d'abdiquer avec une indemnité, Louis XVIII lui répondit par cette belle lettre : « Je ne confonds pas M. Bonaparte avec ceux qui l'ont précédé, je lui sais gré de plusieurs actes d'administration, car le bien que l'on fera à mon peuple me sera toujours cher; mais il se trompe s'il croit m'engager à transiger avec mes droits ; bien loin de là, il les rétablirait lui-même, s'ils pouvaient être litigieux par la démarche qu'il fait en ce moment(1). J'ignore quels sont les desseins de Dieu sur ma race et sur moi ; mais je connais les obligations qu'il m'a imposées par le rang où il lui a plu de me faire naître. Chrétien, je remplirai ces obligations jusqu'à mon dernier soupir ; fils de saint Louis, je saurai, à son exemple, me respecter jusque dans les fers ; successeur de François 1er, je veux du moins pouvoir dire comme lui : « Tout est perdu, fors l'honneur. » Une nouvelle négociation avait été tentée par une gracieuse ambassadrice, la duchesse de Guiche (une Gramont, ancienne amie de Mme de Beauharnais). La négociation n'eut pas de suites sérieuses, quoique bien chaudement appuyée

(1) Cette démarche avait été faite par l'intermédiaire du cabinet de Berlin, toujours très-empressé de se rendre agréable aux pouvoirs qui gouvernaient la France.

par Joséphine elle-même, qui gardait un bien loux souvenir de la cour de Marie-Antoinette. Ainsi, nul dépit, nul découragement chez le Roi, nais le sentiment extrême du droit, la patience et la résignation pour l'avenir.

Quand Louis XVIII vint chercher un refuge en Angleterre (1), les ministres anglais, en ace du parlement, appelé peut-être à négocier a paix avec l'empire de Napoléon, ne lui reconnurent pas le titre de roi. Le chef de la maison le Bourbon (2) vint habiter le château d'Hartwell, résidence anglaise modeste et silencieuse; il y menait la vie d'un gentilhomme campagnard; sa petite cour, sa famille vivaient à Londres, tandis que le Roi s'occupait de littérature, des nouvelles venues de France, que les journaux anglais commentaient avec raillerie: le Roi, resté fidèle à ses affections, à ses habitudes, gardait avec lui le comte d'Avaray (3),

(1) En l'année 1811.

(2) M. Canning fut chargé de cette communication officielle. Le *chef de la maison de Bourbon* fut le titre qu'il ui donna.

(3) Antoine-Louis-François de Besiade, comte, puis duc 'Avaray, était d'une vieille race, fils d'un lieutenant général, cordon rouge.

son ami, qu'il défendait contre toutes les intri gues; ce n'était pas un favori bien ambitieux car il n'avait jamais reçu d'autre faveur qu les lettres-patentes de *duc*, titre donné dan l'exil et qu'il ne devait jamais porter, hélas dans sa patrie. Etait-ce trop pour une fidélit de vingt ans? Ce pauvre d'Avaray, malade d la poitrine, partait pour Madère afin de cher cher un climat plus doux et des hiver moins rigoureux. Avec cette excellent am Louis XVIII suivit une correspondance spiri tuelle et charmante, où tous les événements d règne de l'empereur Napoléon étaient jugé d'une façon sérieuse ou mordante (1). Le R ne se faisait aucune illusion sur sa destinée; attendait tout du temps et de la Providence s'il savait la force du gouvernement impérial il n'en ignorait pas les faiblesses : « Enfir écrivait-il avec un ton railleur qui ne s'épa gnait pas la calomnie, la famille de Napoléon un héritier. Si réellement c'est le fils de l'ir

(1) Cette correspondance a été publiée comme doc ment historique. J'en ai deux rares exemplaires, ain que du *Voyage à Gand*. Le Roi mettait un grand prix style.

rtunée Archiduchesse, c'est une question de eu d'importance (1) ; plusieurs personnes en ttachent beaucoup à cet événement, je ne pense as de même, et je vais vous dire pourquoi : Si ieu a condamné ce monde, Bonaparte ne man- uera pas de successeurs ; mais au contraire si colère du ciel doit s'apaiser, rien sur la terre 'empêchera la ruine de l'édifice d'iniquité. »

Depuis le ministère de lord Castlereagh 1811), la guerre contre Napoléon ayant pris un ractère d'inimitié profonde, l'Angleterre n'eut lus à ménager le gouvernement français, et, dès moment, Louis XVIII fut traité à Hartwell en oi de France. Lorsque mourut la Reine, prin- esse de Savoie, femme de Louis XVIII, il y t un cortége royal à Londres, comme si le euil se fût accompli au château de Versailles, les caveaux de Westminster s'ouvrirent avec solennité de Saint-Denis ; le Roi était double- ent atteint dans ses affections, car son ami 'Avaray mourait aussi à Madère. A son départ, avait désigné à la confiance du Roi un jeune entilhomme provençal, esprit vif, comme toute

(1) Ici le Roi se laissait aller à des pensées médisantes -dessous de son caractère.

la race méridionale; il portait le nom illust de Blaçaș, antique depuis les troubadours (1 le Roi avait reporté sur lui toute sa confianc toute l'amitié qu'il avait pour d'Avaray et po la vieille coquette, comtesse de Balbi; il lui fa lait toujours un favori : c'est là paresse d cœurs qui aiment à se confier.

Louis XVIII n'avait jamais cessé de parl en roi devant l'Europe armée; lors des désa tres de Moscou, il avait recommandé à l'Emp reur de Russie les soldats captifs, qu'il appel ses sujets, ses enfants (2) ; il donnait des i structions pleines de modération et d'habile à ses agents en France (3) ; ceux-ci répétaie partout «que le Roi, esprit éclairé, plein des idé du siècle, était appelé à reconstituer la libe et à donner la paix ; qu'ayant vécu longtemps Angleterre, Louis XVIII avait conçu la pens d'une charte constitutionnelle et du gouvern

(1) M. de Blacas avait bien des mérites et spécialem une grande érudition et le goût des monuments égypti Sa collection était précieuse; on trouve dans la liste troubadours à la croisade un Blacas ou Blacasset.

(2) Sa lettre est du 4 décembre 1812.

(3) MM. Royer-Collard, Béquet, l'abbé duc de M tesquiou.

nent représentatif, avec deux chambres, les pairs et les communes ; le libre débat et la presse libre aussi ; la responsabilité des ministres, les lois votées après une discussion sérieuse et publique. Louis XVIII était plein de cette idée « que la force de sa restauration devait être dans un gouvernement libéral. »

Ces propos se disaient tout bas à la fin de 1813, et les salons du faubourg Saint-Germain commençaient à s'agiter pour une restauration, sans pourtant trop se compromettre. En janvier 1814, on devint plus hardi. Un écrivain royaliste a donné quelques détails sur cette conjuration (1) faite à petit bruit : « Les ducs de Duras, de la Trémouille et de Fitz-James ; MM. de Polignac, Ferrand, Adrien de Montmorency, Sosthène de La Rochefoucauld, de Sesmaisons et La Rochejacquelein, en étaient l'âme. On se réunissait au château d'Ussé, en Touraine, chez M. de Duras. Le préfet de Nantes lui-même était de ces conciliabules, et, à Bordeaux, tout était prêt pour une manifestation. La perte de la bataille de Leipsick et l'évacuation de l'Allemagne

(1) M. de Beauchamp, *Histoire de 1814*. Comparez avec mon *Histoire de la Restauration*.

avaient donné un nouvel essor aux projets d royalistes de l'Ouest et du Midi. Le comte Suzannet avait pris secrètement le command ment du Bas-Poitou; Charles d'Autichamp s' tait chargé du commandement d'Angers; duc de Duras de celui d'Orléans et de Tour. le marquis de Rivière de celui du Berry. »

Si les royalistes exagéraient l'importance leur complot, il était évident qu'on march vers de graves événements; l'on devait s préparer et savoir à quoi s'en tenir. Dans l'I ver de 1813 à 1814, Louis XVIII reçut à Ha well une spirituelle ambassadrice du fa bourg Saint-Germain. La comtesse Zoé Victoi du Cayla appartenait à une vieille race de m gistrature, les Talon : son père, lieutenant ci au Châtelet, fort dévoué à Monsieur, con de Provence, avait rendu d'importants servic dans la procédure des journées des 5 et 6 oct bre et dans l'affaire Favras, toute personnel au comte de Provence; on disait même qu restait dépositaire de secrets importants, da ce procès un peu ténébreux (1). M. de Tal

(1) Je dois dire que la princesse de Craon affirme q sa mère n'a jamais fait ce voyage que sans doute elle pas connu; on devait se cacher d'une enfant.

vait émigré avec sa jeune fille presqu'au berceau ; rentré en France sous le Consulat, il vait retrouvé ses biens non vendus ; sous l'Emire, la gracieuse Mlle Talon épousa le comte u Baschi du Cayla, attaché à la maison de ;ondé durant l'émigration. La nouvelle comesse avait des amitiés à la cour de Napoléon t au faubourg Saint-Germain ; la reine Horense l'aimait beaucoup, et jeune femme elle tait très-répandue ; Claire Denys Talon son ère, noble nom de magistrature, brave offiier, avait fait avec distinction ses premières rmes en Italie, en Espagne ; il se battit avec grade de chef d'escadron à Moscou, à eipsick. Denys Talon était compté parmi les lus brillants colonels de l'armée dans la camagne de France (1).

Quoique fort assidue à la cour impériale, la omtesse était restée dans la confiance du fauourg Saint-Germain ; elle était l'amie du vicomte Matthieu de Montmorency, de l'abbé de Iontesquiou, de M. de Talleyrand, du jeune icomte La Rochefoucauld, et de ces salons qui,

(1) La correspondance de la comtesse du Cayla parle eaucoup de ce frère chéri qui lui choisissait ses chevaux t toutes ses fantaisies de toilette.

sans conspirer tout haut, espéraient un ch gement. Cette société, très-discrète tant que victoire avait caressé les drapeaux de Na léon, était devenue plus active, plus osée 1813 et 1814, surtout dans ce grand désor qui suivit l'invasion en France : la plaie gouvernements en décadence, c'est qu'ils n' plus en eux-même la force de réprimer ; c fait que les timides mêmes s'agitent et osen l'aise. Aussi, en janvier 1814, le comité Faubourg s'était trouvé assez fort pour envo à Hartwell une personne intelligente capa de communiquer ses projets sans les comp mettre.

La comtesse du Cayla avait connu le duc Rovigo dans une circonstance fort grave : s'agissait de rendre la prison d'État moins du au marquis de Talon compromis dans une co piration royaliste. Le duc était un fort gal chevalier quand il n'était pas trop ministre de police (1). Sous le prétexte de santé, la comte obtint un passe-port pour la Hollande, d'où e se rendit facilement en Angleterre, tant la d

(1) Le général Savary avait au reste épousé Mlle Faudoas de race royaliste, liée au faubourg Saint-G main.

organisation de l'Empire était partout. Après le despotisme, vient le découragement! Une femme peut passer à travers bien des obstacles ; elle peut éblouir comme un papillon aux ailes roses ou jaser comme un perroquet babillard. La comtesse était trop spirituelle pour ne pas savoir le duc de Rovigo assez habile pour se réserver une protection le lendemain d'une chute (1). Mme du Cayla put donc aller librement en Angleterre.

Louis XVIII vivait à Hartwell dans les loisirs de la philosophie et des lettres ; il attendait, ou espérait ; le comte de Blacas dirigeait toujours la correspondance, devenue plus active à mesure que les éventualités d'une restauration étaient plus pressantes. La comtesse du Cayla eut besoin de se nommer plusieurs fois avant de parvenir jusqu'au Roi ; on craignait tant, à Hartwell, les surveillances de la police ! Enfin elle fut admise auprès de Louis XVIII. Royaliste enthousiaste, la jeune comtesse exprima ses sentiments

(1) Les lettres de la comtesse du Cayla, publiées par le duc Doudeauville, à travers les épisodes pleins d'anxiété des campagnes de 1812 et de 1813 sont d'une incomparable légèreté; elle ne parle que de ses soirées, de ses plaisirs, des théâtres et même de Franconi.

exaltés avec cet esprit de distinction qu'aim tant le Roi. Frappé, charmé de l'esprit de comtesse du Cayla, sérieuse et charmante ca seuse, une de ces femmes comme on en tr vait sous l'ancien régime, en lui remettant anneau, gage d'une bonne amitié, le Roi lui un gracieux revoir à Paris, si la Providence le permettait. Il ne fut donc pas étonnant retrouver la comtesse parmi les groupes femmes agitant leur mouchoir blanc sous balcon de l'empereur Alexandre, le seul souverains jusqu'alors engagé pour la Rest ration, si acclamée, si désirée par le faubo Saint-Germain (1).

(1) Une lettre de la comtesse du Cayla exprime enthousiasme pour la Restauration.

III

LE ROLE DES SALONS DU FAUBOURG SAINT-GERMAIN DANS LA PREMIÈRE RESTAURATION ET LES CENT-JOURS

1814 — 1815

Ce ne fut pas assurément le faubourg Saint-ermain qui fit la restauration de la maison e Bourbon, l'œuvre tout entière du parti poli-que ; elle fut acclamée par les fatigués de l'Em-ire. Il ne faut jamais trop pressurer les corps olitiques, ni exiger d'eux une obéissance pas-ve; ils s'en vengent quand le temps est arrivé ! n vit, le même jour, le sénat, le corps législtif, le conseil municipal proclamer la dé-héance de l'empereur Napoléon, avec des pa-oles dures, implacables (1) : « Le sénat déclare

(1) 14 avril 1814.

Napoléon Bonaparte et sa famille déchus trône et délie en conséquence le peuple franç et l'armée du serment de fidélité. » Quelqu jeunes femmes enrubannées de blanc n'avai pas donné l'impulsion à l'Europe : la fou vint de plus haut. Le Tzar Alexandre avait cueilli avec bienveillance les dames françai qui avaient demandé leur prince ; mais il av répondu vaguement à ce désir, « en disant q voulait (1) laisser la France libre sur le choix son souverain. » Chaque fois que l'on parlai M. de Talleyrand de l'influence du faubou Saint-Germain sur la Restauration, il répond avec son sourire accoutumé : « Oui, Mesdam nous avons fait la maison, vous l'avez ba geonnée en blanc. »

Aussi les royalistes extrêmes voyaient av inquiétude le séjour de Louis XVIII à Sai Ouen ; on savait que le Roi y préparait une d claration libérale, consécration des intérêts de société nouvelle, et les salons du faubou

(1) L'empereur Alexandre se contentait de répon « que si la France rappelait les Bourbons, il accèderait à vœu. » M. de Talleyrand répétait que c'était la seule i rationnelle. (Voir mon travail sur *la Restauration.*)

Saint-Germain disaient « que le Roi allait donner une fausse base à la Restauration en la faisant reposer sur les idées de 1789. Louis XVIII insista. Les historiens qui ont écrit que M. de Talleyrand, organe de l'Europe, imposa la déclaration de Saint-Ouen à Louis XVIII, ne connaissaient pas le caractère du Roi, qui, depuis son exil, avait toujours rêvé cette fusion des idées et des temps (1) comme une concession nécessaire. Les ardents du faubourg Saint-Germain croyaient à la chute définitive de la Révolution et de l'Empire, dont il n'était plus nécessaire de s'occuper. A Fontainebleau, autour de Napoléon, il y avait eu des abandons si tristes qu'on pouvait croire sa cause perdue. Malheur aux vaincus ! Spectacle déplorable : la plupart des maréchaux, des généraux qui devaient leur fortune, leur gloire même à Napoléon, l'abandonnaient sans respect pour son infortune; on

(1) Les bases de la déclaration de Saint-Ouen se trouvent dans la correspondance du roi Louis XVIII avec ses agents, l'abbé de Montesquiou et Royer-Collard, 1807-1810. Un chroniqueur de la Restauration écrit une scène de ridicule fantaisie entre l'empereur Alexandre, Louis XVIII et M. de Talleyrand. Les affaires se font autrement que cela.

3.

courait à Paris pour saluer le gouverneme nouveau; on se vantait de l'oubli de ses devoir Il est des temps ainsi fait, les nobles idées sont plus possibles.

La Restauration, on doit le dire, fut accueil en 1814 avec bonheur comme la paix et la berté; on respirait à l'aise, après une gran oppression; le ciel devenait clément. La vérité cet état des âmes est constatée par le *Mémoi* d'un régicide, Carnot (1). Et néanmoins, la Re tauration devait tomber, parce qu'elle était a pelée à diriger une société qui n'avait plus q des idées et des intérêts révolutionnaire Louis XVIII aurait fait d'autres concessio encore qu'on ne lui en aurait tenu aucun compt La Charte, par exemple, avait proclamé l'invi labilité de la vente des domaines nationau et les nouveaux propriétaires, pleins de terre pour l'avenir, ne pouvaient croire à une tel générosité (2); ils tremblaient devant chaq acte de la politique royale. La présence d

(1) *Mémoire* publié en 1814 par Carnot.

(2) Le gouvernement mettait tant d'intérêt à rassur les possesseurs des domaines nationaux, qu'il fit saisir poursuivre une brochure de M. Bergasse qui attaqua ces ventes.

Bourbons sur le trône leur pesait comme une incessante menace.

Il était impossible aussi d'être de plus excellente compagnie que Louis XVIII et le comte d'Artois. A chacune des gloire nouvelles ils savaient adresser des mots charmants, polis; le Roi mettait une sorte de coquetterie à être parfait avec les femmes du nouveau régime; quoique impotent et goutteux, il s'était levé pour l'impératrice Joséphine comme pour les princesses du sang; il avait créé duchesse de Saint-Leu Mme Hortense de Beauharnais, que Louis XVIII avait proclamée un modèle de grâce. Le roi avait un faible pour les femmes d'esprit et de grande compagnie; il supportait les autres avec une résignation polie (1). L'empereur Napoléon avait avec les femmes des façons brusques; il mettait si peu d'importance à leur conversation qu'il ne leur adressait jamais que quelques paroles saccadées; ses politesses mêmes étaient rudes, comme les caresses du lion. Louis XVIII, au contraire, était aimable, causeur, bel esprit; d'un pur langage, il ne pouvait supporter les

(1) Il s'était admirablement conduit, même avec la maréchale Lefebvre dont les manières n'étaient pas accomplies.

écarts chez les autres; s'il ne blessait personne il savait congédier avec un empressement qu avait irrité quelques femmes, dont l'éducation première laissait beaucoup à désirer.

La Charte avait maintenu les titres nouveaux et les blasons de l'échiquier moderne; mais elle n'avait pu donner, avec ces titres, les formes distinguées des salons du faubourg Saint-Germain; l'ancienne aristocratie gardait la supériorité des manières : les costumes mêmes de l'ancien régime, avec les raffinements Louis XV avaient une autre élégance que les falbalas de 1810 (1) : les uniformes de Fontenoy valaient ceux d'Austerlitz.

Toute l'année 1814 se passa dans cette lutte des amours-propres, des dépits contre la. Restauration, qui malheureusement froissait certaines existences. Le Roi, durant son exil en Angleterre, avait étudié les formes et les conditions du gouvernement représentatif; il les mettait en exécution en convoquant les deux chambres, qui librement votaient les lois politiques et le budget réduit à 600 millions. Seu-

(1) Sur les estampes, aujourd'hui, on croirait voir des caricatures.

lement, il s'était réservé la direction suprême de sa maison, toujours confiée au comte de Blacas (1) son ami. Le Roi ne changeait rien à sa vie intime d'Hartwell. Cette faveur du comte de Blacas avait créé de nombreux ennemis, même parmi les fidèles du fauboug Saint-Germain : on ne pardonne le favoritisme que lorsque soi-même on est le favori. M. de Blacas, toujours dans une sécurité profonde, écoutait peu et voyait moins encore. Comme le Roi ne voulait pas être inquiété, fatigué, son ministre éloignait tous les renseignements qui pouvaient troubler son repos, ses douces quiétudes : le ministre avait foi dans la royauté légitime; comme tous les cœurs pieux, il ne croyait pas possible qu'on niât le culte auquel il était si fidèlement attaché.

Le Roi, avec son goût si prononcé pour l'esprit, une fois installé aux Tuileries, recevait quelques charmantes causeuses pour distraire sa vie monotone : il s'était d'abord épris de Mme de Staël, à qui son attitude hautaine sous l'Empire avait créé une grande renommée ; l'a-

(1) M. de Blacas avait reçu le titre de Ministre de la Maison du Roi.

mie d'Adrien de Montmorency, de Château briand, de Mme Récamier, quittant sa retraite Coppet était venue à Paris au premier bruit d la Restauration, et Louis XVIII, toujours for empressé, lui avait fait restituer les deux millions (1) que M. Necker, son père, avait prêté à Louis XVI. Mme de Staël reconnaissante, avai voué sa plume à la Restauration (2) ; elle étai loin d'être jolie, sa voix forte et pleine n'avai aucun charme ; le Roi pardonnait beaucoup cet esprit élevé, sauf à son style qu'il trouvai un peu germanique, lui si pur, si classique l'admirateur d'Horace, de Bossuet et de Racine

Avec Mme de Staël le Roi recevait la duchess de Duras, Kersaint d'origine, la fille de ce brillant et courageux officier de la marine royale membre de la Convention, égaré parmi les Girondins et mort sur l'échafaud avec eux. Il aimait l'esprit délicat de Mme de Duras ; elle parlait presque toutes les langues de l'Europe, e savait le latin assez pour lire Horace : elle avait cet esprit de causerie du vieux régime, temps s gracieux et de belles paroles. Mme de Duras avai

(1) Madame de Staël mariait sa fille au duc de Broglie

(2) Le salon de Mme de Duras ne s'ouvrit qu'en 1815.

ıttaché M. de Châteaubriand (1) à son char, ıvant qu'il ne fût épris de Mme Récamier. Louis XVIII un peu jaloux de l'auteur d'Atala, ıurait plutôt pardonné une hérésie politique, qu'une trop grande hardiesse dans la littéra-ure. Le Roi aimait aussi le talent de Mme Gail, à la fois musicienne et poëte, l'auteur de la omance tant en vogue alors, les délices des alons royalistes :

Celui qui sut toucher mon cœur,
Jura d'aimer toute la vie, etc.

Mme Gail unie à un érudit helléniste avait ne puissance sur les salons : les femmes sur-out étaient pour la Restauration; les mères ı'avaient plus peur de la conscription abolie; es jeunes filles, qui dansaient sous le feuil-age des Tuileries, pouvaient trouver dans la louceur de la paix, des maris jeunes et beaux u lieu des glorieux éclopés des champs de ataille : les campagnes ne payaient plus l'im-ôt du sang.

(1) M. de Châteaubriand venait de publier sa retentis-ante et passionnée brochure *Des Bonapartes et des Bour-ons*.

Vers le mois de juin 1814, Louis XVIII revit pèlerine d'Hartvell, la comtesse du Cayla, d'u famille si dévouée! Le marquis de Talon, s père, avait montré une fidélité suprême Louis XVIII. Arrêté à Paris en 1804, il fut re fermé aux îles Sainte-Marguerite : son fils, jeune fille (depuis comtesse du Cayla) dema dèrent à partager sa captivité; ce ne f qu'en 1809 que la comtesse obtint du duc Rovigo la liberté de son père (1). Tous c souvenirs étaient bien présents à Louis XVI mais ce qui frappa le Roi surtout, dans jeune et brillante dame, ce fut cette cause pleine de sens et de justes réflexions, même s les affaires. L'Empire avait persécuté sa famil et Mme du Cayla en parlait sans amertume; e voyait les hommes sans les préventions passio nées de son parti, et le Roi lui en tenait compt sa voix, douce comme une flûte antique, ra pelait à Louis XVIII celle des plus gracieus duchesses de l'ancienne cour.

Louis XVIII parla longtemps à la comtes du Cayla et lui fit promettre de le revoir;

(1) Les malheurs publics avaient profondément affec la raison du vieux magistrat.

donna même l'ordre qu'elle fût reçue chaque fois qu'elle se présenterait (1); haute faveur, car à cette époque M. de Blacas éloignait toute espèce d'influence, afin que tout se fît par lui et avec lui, dans la conviction que seul il connaissait le Roi et la France; sa sécurité, résultant d'une foi loyale, ne supposait aucune force capable de lutter contre les prestiges de la légitimité, le vieux culte des âmes. Et cependant, à cette époque, déjà se préparait la plus hardie des entreprises, la défection des Cent-Jours, à l'ombre des libertés que consacrait la Charte.

Le faubourg Saint-Germain, malcontent et déjà frondeur, apercevait le péril du système faible et mixte que Louis XVIII voulait inaugurer en France; la Charte lui paraissait une concession dangereuse. « L'esprit du Roi était revenu aux fausses idées de Monsieur en 1788; il avait gardé ses anciennes préventions sur le comte d'Artois, pour tendre la main aux hommes nouveaux liés aux intérêts de la Révo-

(1) Une biographie a dit que ce qui créa la faveur de la comtesse du Cayla, ce fut la remise au roi des papiers secrets de la conspiration de Favras. Je crois que c'est une erreur; Louis XVIII avait le culte de la grâce et de l'esprit.

lution ; avait-il même le droit de sanctionner la vente des biens des émigrés et de dépouiller ainsi, par un seul acte de la volonté royale, les propriétaires légitimes ? » Ainsi parlait la fraction ardente du fauboug Saint-Germain, nouvelle Fronde ! Cependant les royalistes étaient si heureux de revoir leurs princes et ce sentiment d'enthousiasme était si profondément empreint dans leurs âmes que ces plaintes ne se disaient que tout bas en 1814 : on se parait avec enthousiasme de rubans blancs, on semait les jardins de beaux lis, on dansait en ronde sur l'air populaire de *Vive Henri IV !* A cette époque heureuse, le faubourg Saint-Germain ne se composait pas de vieux marquis de Carabas, comme le chantait un faiseur de flon-flon que l'esprit de partis entourait et élevait (1), mais d'une réunion d'hommes de grande compagnie ; sa littérature était représentée par MM. de Châteaubriand et de Fontanes ; sa philosophie par MM. de Bonald et de Maistre, esprits bien au-dessus de la froide et médiocre école de MM. de Jouy, Arnaud, Baour-Lormian, que

(1) M. Béranger publia sa chanson sur le *Marquis de Carabas* en 1814, et on ne la poursuivit pas.

ouis XVIII soutenait de ses applaudissements assiques. Rien de plus aimable, d'une meilure façon, que les douairières du faubourg aint-Germain, tradition de la société Louis V, douces de paroles, les mains pleines d'enuragements : elles jugeaient et comparaient s événements avec une justesse ardente ; toururs bonnes, sans abdiquer la dignité ; coiettes, sans oublier qu'elles ne pouvaient spirer que le respect, providence de tout qui avait besoin d'aide : admirablement bien nues dans leur déshabillé à grands ramages, essentiment des robes futures, à côté des dicules tuniques tuyaux de poële, avec garuilles de linon et de tulle empesés, la mode ors de l'Empire.

Les jeunes gentilshommes du Faubourg, demandèrent une épée pour servir le Roi, et l'on éa les compagnies de la maison-rouge, les ousquetaires noirs et gris, chevau-légers, rdes-du-corps ; jeunes officiers, aux gants rfumés, avec les uniformes Louis XV, qui ne aignaient pas les rencontres, comme leurs aux, pour se venger de quelques railleries des oquefer de la démocratie. Dans les compagnies la maison du Roi, comme capitaines et officiers, on comptait les ducs de Luxembou d'Havré, les princes de Poix (Noailles), N souty, Mortemart, Charles de Damas : la fl de la noblesse française ; quelques-uns ava assisté aux grandes batailles de l'Empire, parmi eux, on pouvait compter le vicomte D Talon (1), le frère de Mme du Cayla, qui ent comme chef d'escadron dans la garde. M comte d'Artois, entouré de ses fidèles, F James, de Polignac, Rivière retrouvait vieux amis de sa jeunesse, le marquis Vaudreuil, spirituel, gracieux comme un cr déjà avancé dans la vie aux derniers jour Trianon (2).

Le gouvernement de Louis XVIII était s force pour se défendre contre une perman conjuration des idées et des intérêts nouvea Quel grief sérieux pouvait-on reprocher Restauration ? Ce n'était pas Louis XVIII

(1) Voici les états de service de M. de Talon : Capi à vingt-deux ans : Guerres d'Italie, d'Espagne et de tugal ; chevalier de la Légion-d'Honneur. Campagne Russie en 1812, d'Allemagne en 1813 ; officier d Légion-d'Honneur et chef d'escadron après Bautzen ; pagne de France en 1814.

(2) Voyez mon petit livre sur *Trianon* et *les Ami la Reine*.

'ait amené les armées étrangères sur le terri-ire français! ce n'était pas son gouvernement ıi avait signé la capitulation de Paris, le 30 ars 1814 : le drapeau blanc fleurdelisé n'a-ıit pas subi cette nécessité! l'ancien régime avait jamais vu les Russes et les Prussiens au ılais-Royal; l'occupation de la France par ̀étranger était une réaction de l'esprit d'enva-ssement et de conquête de la Révolution et de ̀Empire. Les Bourbons n'avaient pas fait les ̀sastres de Moscou et de Leipsick. Loin de là! 'esqu'aussitôt, au congrès de Vienne, et d'un ul bond, la France de Louis XVIII avait pris sa prépondérance en Europe; elle avait 'otégé la Saxe, donné Naples à la branche dette de Bourbon, et un traité l'avait rappro-ıée de l'Angleterre et de l'Autriche dans une ̀iple alliance. La paix avait permis le dévelop-̀ment de la richesse publique; on espérait 'ouver dans les ressources du budget de 1816 de 1817, de quoi répondre à deux grandes

(1) Le Congrès de Vienne fut la belle époque de M. de ̀lleyrand. J'ai raconté en détail l'histoire des congrès ̀mme préface au *Recueil* si complet publié par Amyot : gros volumes.

nécessités réparatrices : les dotations de l'
mée et l'indemnité des émigrés (1), mesu
qui auraient rassuré les propriétaires des bi
nationaux et satisfait le soldat. La Cha
avait donné plus de liberté que la France n
avait jamais obtenu; la composition de la cha
bre des pairs avait témoigné d'un système
fusion et d'oubli ; la plupart des anciens sé
teurs républicains ou impérialistes y étai
admis avec les maréchaux, les généraux,
siégaient à côté des plus illustres ducs et pa
de l'ancienne monarchie.

Les griefs reprochés à la Restauration
résumaient dans la crainte d'un retour
l'ancien régime, ombre élégante en jabot
dentelle, hélas! fantôme du passé! On
refait pas les vieux temps! Ainsi les acq
reurs de biens nationaux, tremblants, s
ceptibles, *avaient peur* d'être dépouillés!
régicides *avaient peur* d'être recherchés
leur vote! les généraux *avaient peur* de per
leur gloire. Les philosophes, en voyant qu
ques processions sillonner les rues de Pa

(1) Le budget définitif de 1814 ne s'éleva pas au
de 600 millions.

avaient peur de voir renaître la dîme et les coups d'encensoir aux seigneurs féodaux; les élèves de Rousseau et de Voltaire *avaient peur* du fanatisme et murmuraient avec indignation, parce qu'une comédienne était repoussée de l'Église, dont elle avait dédaigné toute la vie les enseignements, ou parce qu'une ordonnance municipale prescrivait la tenture des maisons, pendant les processions catholiques (1).

En admettant même la réalité de ces griefs, était-ce un motif pour justifier les plus tristes violations du serment? Tant qu'on attachera quelque honneur, quelque valeur à la parole humaine, il sera impossible de ne pas juger sévèrement la défection des Cent-Jours. Il y avait huit mois à peine qu'on avait abandonné Napoléon à Fontainebleau, d'une façon presqu'odieuse; les mêmes hommes qui avaient parlé avec émotion et tendresse de l'étendard de Henri IV, le foulaient aux pieds sans ménagements et sans dignité! Ce capricieux parjure (ici abstraction faite de toute opinion,)

(1) M. Beugnot, un des fonctionnaires de l'Empire, directeur de la police, fut l'auteur de ces mesures. Louis XVIII resta complétement étranger.

ramenait la France aux plus mauvais jours d
Bas-Empire, et la Restauration succomba de
vant un enthousiasme de soldats !

Les adieux de Louis XVIII, ses proclamation
furent marqués d'une mélancolique grandeu
il prenait encore une fois le chemin de l'exil,
terrain manquait sous ses pas, car la défecti
était partout. Si, sous le premier Empire, le fa
bourg Saint-Germain avait servi avec fidélit
il refusa presque tout entier d'abandonner
Restauration malheureuse. Dans les Cent-Jou
l'émigration à Gand se fit sans obstacles.
gouvernement, était sans force, parce qu'
ne croyait pas à sa durée et qu'il n'avait mêı
pas foi en sa destinée ; le courage était g
rieux, mais la foi manquait. Il y a toujours u
certaine faiblesse dans les pouvoirs nés d'u
défection, car ils ne croient pas en eux-mêı
et en leurs amis.

Au contraire Louis XVIII avait à Gand s
gouvernement organisé, avec son *monite*
officiel (1) ; on ne désespérait pas parce qu'
croyait avoir rempli son devoir : les conscienc

(1) On peut se faire une juste idée du gouvernement
Roi, par le *Moniteur de Gand,* dont je possède un
rares exemplaires.

en paix sentent une puissante force en elles-mêmes.

A Gand, la comtesse du Cayla vint visiter le Roi, comme elle était allé à Hartwell (1) : ses anciennes liaisons avec les fonctionnaires de l'Empire lui avaient facilité ce pèlerinage. Fouché, qui avait un pied partout, fit offrir ses services à Louis XVIII ; le plus grand coup d'habileté du régicide fut de se faire recommander à la Restauration par le faubourg Saint-Germain. La comtesse du Cayla ne fut pas sans influence sur la résolution que prit le Roi de renvoyer M. de Blacas ; avec un sens très-réfléchi la comtesse savait que la Restauration, pour être soutenue par l'Europe, devait un peu secouer le vieux bagage d'Hartwell : il fallait briser les anciennes affections. Après Waterloo, le faubourg Saint-Germain ne se mêla de rien ; le débat sur l'abdication de l'Empereur à l'Élysée resta entre le jacobinisme et l'Empire ; le Faubourg faisait vide plutôt qu'obstacle. M. de Lafayette reparut sur la scène politique et prononça un de ces discours malfai-

(1) Je répète que ces voyages sont contredits par les récits de famille dont je dois tenir compte pour les opposer à mes propres informations.

sants qui troublent la paix. Après avoir d sarmé Napoléon et repoussé les droits de s fils, le parti révolutionnaire fut maître d affaires ; les patriotes de 1789 les conduisire si bien qu'ils signèrent la seconde capitulati de Paris, laissant la France sous le joug de se cent mille étrangers et les canons ennem braqués sur les places publiques.

Ainsi, dans les deux tristes capitulations Paris (1814 et 1815), les Bourbons n'étaie pas intervenus ; elles avaient été signées à l'o bre du drapeau tricolore : 1° en 1814, à la sui de l'ordre donné par le prince Joseph ; 2° 1815, en vertu d'une délibération de la commi sion du gouvernement composée de purs p triotes (1). Quelques-uns des hommes politiqu du faubourg Saint-Germain auraient voulu év ter cette humiliation à la France en faisant appel intelligent aux deux chambres, qui a raient reconnu spontanément Louis XVIII : qu motif alors aurait eu l'étranger pour march sur Paris après une Restauration enthousias

(1) Voyez dans l'*Histoire* curieuse de M. Fleury Chaboulon, ouvrage éminemment impérialiste, les déta sur la lutte de Napoléon avec les républicains des Cen Jours.

et spontanée? Les patriotes repoussèrent cette idée. Rien n'est plus cruellement têtu que les partis; ils sacrifient souvent l'intérêt du pays à leurs fanatiques convictions.

Ce fut dans cette horrible situation de la France que se fit la seconde Restauration de Louis XVIII; le Roi, le cœur douloureusement affecté, n'avait presque plus d'initiative personnelle : il suivait l'impulsion de M. de Talleyrand, absorbé dans les impossibilités diplomatiques. Louis XVIII accepta Fouché pour ministre. Le Roi avait les mains toutes pleines de concessions : un Régicide ministre sous les Bourbons! Étrange et forte nature que celle des jacobins, terribles fascinateurs; à l'âge de 63 ans, au milieu des événements les plus graves, Fouché épousait une des héritières de la maison des Castellane : dans un salon orné de mille lustres, le contrat de mariage fut lu au milieu des représentants de la haute noblesse, et, au bas du contrat, était la signature du Roi, le frère de Louis XVI.

IV

LES SALONS DU FAUBOURG SAINT-GERMAIN EN OPPOSITION ORGANISÉE CONTRE LOUIS XVIII. — LA COMTESSE DU CAYLA INTERMÉDIAIRE ET NÉGOCIATRICE.

1816 — 1818

Dans les joies inattendues de la première Restauration en 1814, le faubourg Saint-Germain ne s'était pas encore organisé en opposition régulière; il avait éprouvé un de ces éblouissements de succès qui ne permettent ni de se reconnaître ni de se compter : on était trop heureux pour être malcontent. La plupart de ses membres illustres s'étaient assis à la chambre des pairs et, parmi eux, les ducs d'Uzès, de Montbazon, de la Trémouille, de Chevreuse, Richelieu, Rohan, Luxembourg, Gramont, Mortemart, Saint-Aignan, Noailles, d'Harcourt, d'Havré, de Polignac, de Lévis, de Maillé, Saulx-Tavanne, de Laforce, de Castries, Doudeauville

(La Rochefoucauld), beaux noms historique qui avaient loyalement prêté serment à l Charte (1); quelques-uns même en professaien hautement les opinions libérales et croyaien que la Restauration ne pouvait se sauver qu par l'exacte observation de ses principes.

Après les Cent-Jours, une vive colère s'empar des salons royalistes; il y avait eu tant de dé loyauté envers le Roi! A cette époque, le parti maître des provinces par l'organisation de se comités, dominait les colléges électoraux ave assez d'ensemble pour obtenir une chambr d'opinions ardentes et dessinées. Ce part aimait moins Louis XVIII, esprit modéré, tro indulgent pour la Révolution, que M. le comt d'Artois, prince aimable (2), ardent royaliste Monsieur aspirait à la direction morale d gouvernement, pour lui imprimer une couleu plus ferme, plus dessinée; les Cent-Jours ap pelaient une réaction.

Les femmes surtout se montraient très-sévè

(1) C'étaient les anciens ducs et pairs du Parlement d Paris.

(2) M. le comte d'Artois était adoré par ses amis : l chambre de 1815 comptait les deux tiers de royaliste ardents; le Midi tout entier avait voté.

s pour cette défection de l'armée. Avec leurs ées chevaleresques, elles s'indignaient de cet ıbli des serments qui faisait peser sur la rance les désastres d'une seconde invasion. le pays était humilié, dépouillé, la cause n'en ait-elle pas à cette conjuration de Bas-Empire, ıi avait renversé la première Restauration? elles étaient les opinions qui venaient battre, mme les vagues d'une mer agitée, le trône de ouis XVIII. Alors fort souffrant de ses infirmis, le Roi pouvait à peine se lever de son fau-uil; comme un vieux lord d'Angleterre, il appuyait en marchant sur sa canne d'Hartwell, uvenir de l'exil; quand la maudite goutte le enait au corps, obligé de se tenir dans son uteuil, une ingénieuse mécanique l'élevait squ'à sa voiture, et chaque jour une longue rapide promenade l'entraînait à Saint-Cloud, Vincennes; le soir, entouré d'un petit cercle 'amis (1), assis devant sa petite table de travail, elique de Mittau, il causait avec facilité et un

(1) Il aimait de prédilection, le duc de la Chatre, le escendant de l'amant de Ninon; le duc d'Escars, son aître d'hôtel, très-habile pour les menus; le duc d'Avay, le frère de l'ami intime; le duc d'Aumont dont la onhomie élégante le charmait.

peu de médisance. Le Roi aimait la société de femmes et se montrait envers elles toujours for galant et, pour les hommes, toujours convenable une fois la semaine, une petite porte dérobé s'ouvrait, et le valet de chambre de confianc introduisait avec un sourire de respectueu devoir, la jeune femme que le Roi avait pri en si vive amitié : on causait rarement d'affaire toujours des souvenirs et des anecdotes; comtesse du Cayla avait l'art d'écouter, et Roi était enchanté d'être compris par une am spirituelle, qui souriait même aux anecdote un peu osées, que le Roi racontait avec bonhomie malicieuse des contes de Lafontain

Cette faveur commençait à être remarque avec celle d'un jeune homme aux formes fin et respectueuses; il se nommait Élie de Caz né à Libourne, d'un esprit vif et prompt, comm en produit le Midi (il venait d'être nommé préf de police). Le Roi, qui aimait à être rassu et amusé (1), avait gracieusement invité M. Caze à correspondre avec lui pour les peti

(1) M. de Caze donnait au Roi des bulletins anecd tiques admirablement rédigés; il évitait toute triste ém tion et toute inquiète aventure.

récits de police de Paris ; terrain fertile en aventures légères, que Louis XVIII, comme tout l'ancien régime, aimait beaucoup. Il y avait aussi un côté sérieux dans les rapports d'une police qui avait à surveiller, à réprimer les violences de l'étranger et les excès des partis. M. de Caze connaissait le monde et la société mêlée de tous les régimes : ancien secrétaire des commandements de Mme Lætitia, conseiller à la cour impériale, jeune homme aimable et à bonnes fortunes, il savait les mœurs des salons de l'Empire et les faiblesses des royalistes. Sa voix douce et contenue, ses formes de respect avec le Roi, son fin sourire devaient faire de M. de Caze un favori ; le faubourg Saint-Germain, qui avait deviné cette fortune, l'avait d'abord caressé, entraîné. Mais, avec une habileté extrême, M. de Caze vit bientôt que les affections du Roi n'étaient pas pour ces gentilshommes ardents qui appelaient une réaction au lieu d'une Restauration : le préfet de police ne voulut pas les suivre sur cette pente hasardeuse.

Dans la position extrême où se trouvait le Roi, au milieu de Paris occupé par les alliés, il fallait ménager la force victorieuse et protéger les habitants contre les vexations (1). Le Roi étai frappé de tant de prudence dans un jeune homm pour le maintien de l'ordre et le développemer de la sécurité. Quand M. de Richelieu prit la pré sidence du conseil et le département des affaire étrangères, le Roi demanda M. de Caze comm ministre de la police, avec le travail secret Jusque-là un peu étranger aux fortes études M. de Caze se mit à perfectionner son édu cation classique jusqu'à répondre aux citatior d'Horace avec un certain à propos de mé moire; le Roi le considéra comme son élèv en littérature comme en politique. Le Fau bourg vit s'élever un nouveau favori au n veau de M. de Blacas dans les affections du Roi mais plus habile et d'une supériorité d'espr remarquable. Le ministre, entouré de jeun gens d'esprit et de fortes études : MM. Guizo de Barante, Mirbel, Villemain (2), faisait to analyser : les livres, les romans, les poésies les chansons à la mode, vie littéraire qui rapp

(1) Les canons prussiens étaient braqués aux Tuileric comme s'il n'y avait pas de Roi de France.

(2) Ce fut le commencement de leur fortune politiqu M. de Caze aimait à se rattacher tous les hommes valeur.

ait au Roi sa jeunesse, le temps de ses madrigaux et de ses bouts-rimés au Luxembourg et à Brunoy. Vieillard du dix-huitième siècle, il aimait les pièces hardies, grivoises et mordantes qui l'amusaient ; il composa la chanson de M. *Crédule*, symbole des partis, qui fut attribuée à un vaudevilliste de renom.

Monsieur Crédule est bon enfant :
Il croit qu'jamais journal ne ment,
La moindre nouvell'le consterne,
Un'vessi'lui semble un'lanterne.
Ah! Ah! Ah! mais vraiment!
Monsieur Crédule est bon enfant.

Ces petits vers, le Roi les lisait dans le cercle de ses amis intimes ; il souriait à la petite moue de la comtesse du Cayla, qui défendait de son mieux les opinions ardentes du faubourg Saint-Germain. Le Roi aimait à lui rappeler que son père, M. de Talon, tout en gardant son dévouement extrême à sa personne, était un espri large, facile, libéral, qui eût approuvé la politique de la Charte.

Avec les tendances modérées de M. de Caze, et sa tempérance en politique, il était impossible que Mme du Cayla l'acceptât comme représentant de ses idées royalistes (le faubourg Saint-Germain avait ses hommes politiques et l'on pouvait dire son prince, son roi, M. le comte d'Artois). La politique royaliste avait sa raison d'État : elle posait en principe et en fait historique que les partis, les opinions ne s'abdiquent jamais ; on n'obtient que des hypocrites dans les conversions politiques ; les entreprises de conciliation à la Henri IV sont des chimères ; le Béarnais mourut à l'œuvre. Les révolutionnaires avaient leur opinion sincère incrustée dans leur cœur ; les Cent-Jours avaient prouvé que les haines restaient les mêmes : « or, on avait aujourd'hui (1815) une chambre royaliste, une majorité introuvable ; il fallait marcher avec elle, former un ministère dans cette couleur, faire du royalisme avec les royalistes, chose bien naturelle. »

Ces opinions extrêmes, hautement exprimées, firent accuser le faubourg Saint-Germain d'avoir dressé les listes de proscriptions qui marquèrent cette époque. C'est une erreur : ces mesures furent imposées par les cabinets étrangers et par leurs armées victorieuses, comme conditions de la paix ; les proscriptions furent signées par le duc d'Otrante (Fouché), ui agit avec le sans-façon des proconsuls le 1793 (1). Les souverains demandaient des aranties contre le retour d'un désordre euro-éen : dans les idées de discipline et d'obéissance ailitaire, un fatal exemple était la défection de es généraux qui, partis sous un drapeau, avaient assé à l'autre, en proclamant leur abandon omme un acte de patriotisme. Il n'y avait plus 'armée sérieuse et régulière en Europe si ces iolations de la discipline n'étaient pas exem-lairement punies : les alliés exigèrent donc, vant la signature de tout préliminaire de paix ue l'armée de la Loire fût dissoute et que les rincipaux auteurs de la conjuration des Cent-ours fussent inflexiblement punis. L'ordonnance ut contresignée par le duc d'Otrante, qui dressa es listes et n'épargna même pas ses amis : Rome écimait les vétérans et les légions révoltées ; Empire tout récemment, dans la conjuration

(1) Ces listes de proscription furent dressées et rema-iées par le duc d'Otrante ; elles existent encore, avec les orrections de Fouché. Il faut être juste : le ministre four-it même à plusieurs des proscrits le moyen d'échapper et eur remit de l'argent sur les fonds de son ministère. Voyez-en les preuves dans mon travail sur *La Restaura-ion.*)

Mallet, avait fait fusiller, à la plaine de Grenelle, généraux, colonels, pour avoir méconnu les lois de l'hérédité dans le Roi de Rome. Ainsi raisonnaient les souverains de l'Europe victorieuse, et en ce temps difficile on n'avait qu'à obéir pour sauver la France.

Le faubourg Saint-Germain, qui ne pouvait compter sur le ministre favori du Roi, alors entoura la comtesse du Cayla (elle était de son monde). La comtesse agit avec beaucoup de prudence ; elle savait les opinions, les répugnances de Louis XVIII pour ses amis ; si elle se permettait quelquefois des observations spirituelles, le vieux monarque la relevait par un mot de galanterie assez piquant pour lui interdire la politique au profit de l'amitié, de l'esprit et du bon goût : « Tout le monde, disait souvent le Roi, a bien à se reprocher quelque chose ; dans les temps agités qui ont précédé la Restauration, n'avez-vous pas été une des beautés aimables de la cour de Bonaparte ? votre frère, le vicomte de Talon, a servi dans l'armée de l'usurpateur ; la plupart de vos parents, de vos amis les Beauvau, les Flahaut n'ont-ils pas servi dans les Cent-Jours : ne me demandez-vous pas la grâce de quelques proscrits, et spécialement du duc de Rovigo? (1) » Ainsi le Roi ramenait la belle opposante sur le terrain des souvenirs, des jolis vers et de la galanterie du vieux régime.

La seconde Restauration fut entourée d'une multitude de petits complots qu'il fallut châtier : les Cent-Jours avaient surexcité les basses classes ; il était resté une odeur de jacobinisme qui enivrait les fédérés de Paris, têtes ardentes du peuple. Il n'existe pas de gouvernement régulier, sans la faculté de comprimer vigoureusement les insurrections qui menacent l'ordre ; telle avait été la tâche difficile du Consulat et de l'Empire. Ainsi fut le triste devoir de la Restauration après les Cent-Jours ; il fallait rassurer les esprits, afin de demander au pays de grands sacrifices : une contribution de huit cent millions (2) exigée par les alliés ; le moindre trouble pouvait compromettre l'œuvre du traité de Paris ; les alliés occupaient les places fortes,

(1) Madame du Cayla n'oublia jamais les services que lui avait rendus le duc de Rovigo, d'ailleurs homme d'esprit fort serviable.

(2) Les contributions furent réduites à 700 millions par le traité de Paris. J'en ai donné la répartition détaillée dans mon travail sur *La Restauration*.

prêts à fondre sur une insurrection qui se serait manifestée sur un seul point du Royaume; on devait détourner l'Europe de ces violences, en montrant la force présente du gouvernement et la confiance qu'il inspirait.

La situation de la France fut affreuse de 1815 à 1816 : la grandeur du Roi pendant cette triste épreuve fut de conserver sa dignité; il ne perdit pas un seul moment le sentiment de lui-même et de la France; il sut garder son rang parmi les empereurs et les souverains (1) victorieux; et plusieurs fois il parla de reprendre le chemin de l'exil, si on ne lui laissait qu'une France abîmée, déchiquetée. Dans ces jours pénibles, il avait besoin de se confier à des âmes sympathiques. Sans nier les immenses services du duc de Richelieu, il n'avait avec le Roi qu'une situation officielle, régulière : président du conseil des ministres, il portait les délibérations à la signature, comme cela se pratiquait en Angleterre. Le duc de Richelieu avait un nom trop illustre et une position trop

(1) Louis XVIII prenait le pas sur les monarques alliés; l'empereur Alexandre dit même quelques mots piquants sur cette affectation de dignité.

élevée pour être jamais un favori; il fallait donc au Roi un confident, M. de Caze en avait toutes les conditions d'esprit et de cœur : il ne tourmentait jamais le Roi par des tableaux rembrunis et de tristes nouvelles : ceux qui vous donnent un bon sommeil et de l'appétit sont bien puissants !

Après M. de Caze, venait la comtesse du Cayla, qui passait deux heures avec le Roi en causeries lettrées sur les pièces du jour, sur les poésies d'autrefois : Louis XVIII faisait des vers ; la jeune comtesse s'y essayait aussi, et le Roi la reprenait avec une douceur maligne sur ses petites gaucheries littéraires. Quand la paix fut signée, Mme du Cayla lut au Roi des vers sur cet heureux événement.

O Paix ! charmante Paix !
Secourable immortelle !
Par de nouveaux bienfaits,
Enrichis nos guérêts des présents de Cybèle.
O sainte Paix ! viens régner à jamais.

Le Roi applaudissait aux sentiments, si ce n'était aux vers, d'une parfaite innocence.

V

LE SYSTÈME LIBÉRAL DE LOUIS XVIII. — RAPPROCHEMENT AVEC LE FAUBOURG SAINT-GERMAIN.

1817 — 1819

La séparation officielle de Louis XVIII avec le faubourg Saint-Germain date de l'ordonnance du 5 septembre 1816, qui prononça la dissolution de la chambre *introuvable*, comme le disaient les ardents salons du haut Faubourg. Ce fut une joie malicieuse pour le vieux Roi que cette mesure qui frappait la noblesse opposante groupée autour du pavillon Marsan (1) ; car il avait pour elle la même répugnance que, sous le vieux régime, il avait manifestée pour Trianon, les amies de la Reine et le comte d'Artois.

(1) M. le comte d'Artois habitait le pavillon Marsan.

Louis XVIII accueillit d'un fin sourire la collection de caricatures que M. de Caze fit dessiner sur M. de la Jobardière, symbole des nobles incorrigibles qui voulaient aller plus loin que le Roi. M. de la Jobardière était une nouvelle édition en peinture du marquis de Carabas.

Le faubourg Saint-Germain avait assez d'esprit pour se défendre : il n'épargna pas les épigrammes sur le Roi, sur sa faiblesse, ses amitiés, ses prétentions ; les salons devinrent le foyer d'une opposition étincelante de petits contes médisants. 1816 fut le beau temps du faubourg Saint-Germain si spirituel, si caustique dans ses causeries. La rue Grenelle comptait les maisons La Rochefoucauld, Clermont-Tonnerre, Montbazon, Caraman, Talaru ; et dans la rue de Varenne brillaient les hôtels des ducs de Beaumont, de Sabran, du marquis de la Guiche, de Rougé, de Vérac et Doudeauville. Dans la rue Saint-Dominique habitaient les d'Uzez, les Gramont, et, dispersés sur d'autres points du Faubourg, les Noailles, les Dampierre, Vaudreuil, Montesquiou, de la Trémouille, de Mortemart et

(1) Cette caricature était de M. de Lourdoueix, depuis rallié aux royalistes.

Matthieu de Montmorency. Cette société élégante, d'un politesse si gracieuse, ne se mêlait à aucune autre ; on pouvait avoir des opinions nuancées, mais les gentilshommes ne se mésalliaient jamais : on vivait, on se mariait entre soi sauf les quelques mariages de fortune, *qui fumaient les terres*, comme on le disait sous l'ancien régime (1). M. de Lafayette tout égalitaire qu'il fût ne mêla jamais son sang.

Pour lutter contre le grand Faubourg, le ministre favori faisait tous ses efforts. Un des souvenirs les plus invoqués par M. de Caze auprès du Roi, c'était la politique de Henri IV. Il n'était pas une solennité publique, un discours officiel, dans lequel on ne parlât du panache blanc du bon Henri, de ses mots charmants, de son indulgence extrême, amnisties et pardons ; toutes les pièces jouées aux théâtres étaient calquées, découpées, sur le règne du béarnais : *La bataille d'Ivry*, la reprise de la *Partie de chasse d'Henri IV*. Les chants nationaux de 1814 et de 1815 célébraient le nom du roi, « qui

(1) On citait ainsi quelques riches mariages : le duc d'Osmont et Mlle Desthélières ; le marquis de Talhouet avec Mlle Roy.

savait boire, rire et être vert galant, » avec une persistance populaire. Assurément il était bien doux, bien attrayant, ce nom d'Henri IV ; ce soudard railleur, spirituel, devait bien séduire des cœurs ; mais cette popularité n'était-elle pas achetée aux prix de la force et de l'énergie du gouvernement ? Il était impossible de comparer, de rapprocher des temps si distincts, si séparés ! A l'époque de Henri IV, la royauté avait toute la force, tout le prestige d'une adoration du moyen âge : Henri IV, d'ailleurs, avait été bien loin d'être aussi clément que le disaient les antiennes royalistes. La Restauration de 1589 ne s'était pas accomplie sans excès ni châtiments. Les ligueurs avaient reçu presque tous des lettres d'exil, fort rigoureusement appliquées, et, à la fin, à quoi le règne de Henri IV avait-il abouti ? à un assassinat fanatique (1). Ainsi, l'exemple était dangereux à suivre, et néanmoins on exaltait le règne de Henri IV, comme si, en l'état des partis en 1815, une fusion extrême n'était pas un péril pour le gouvernement de la Restauration !

Le roi Louis XVIII aimait personnellement

(1) J'en ai donné des preuves dans mon travail sur *La Ligue*. Voyez aussi ma *Gabrielle d'Estrée*.

un système de modération et d'oubli ; on disait même qu'il avait composé un drame, joué à la Porte-Saint-Martin : *La famille Glinet*, tout entier dirigé contre les luttes d'opinions : « Les dissensions civiles devaient se terminer par une généreuse conciliation » tel était le sens de l'œuvre jouée sur la scène et très-applaudie. Le Roi ne parlait que d'amnistie, d'oubli et il saisit le premier événement heureux dans sa famille, le mariage du duc de Berry (1), pour ouvrir la main large et facile à tous les repentirs. A la suite des grâces de cette heureuse journée, le Roi donna le titre de comte à M. de Caze, auquel il s'attachait de plus en plus, comme l'expression de la politique à la Henri IV.

La comtesse du Cayla, convaincue de son impuissance à lutter contre le ministre tant aimé, prétexta des causes de santé pour demander au Roi la permission de se retirer quelque temps à la campagne : Louis XVIII, qui savait la cause réelle de cet exil boudeur, voulut en vain défendre son système et son favori, la comtesse insista avec une respectueuse courtoisie; elle partit entourée de toutes les sympathies du faubourg

(1) En mai 1816.

Saint-Germain. Ce fut l'époque de sa plus vive et ravissante influence sur les salons de MM. de Montmorency, du duc Laval, de Châteaubriand, du duc de Doudeauville, père du vicomte Sosthène de La Rochefoucauld, alors à la tête du parti royaliste, représenté dans la chambre des pairs, par MM. de Fitz-James, de Polignac, de Clermont-Tonnere, Vaudreuil, Charles de Damas, Durfort, Rivière, de Vérac et MM. de Vibray; et dans la chambre des députés, par MM. de Villèle, Cornet d'Incourt, Corbière, Castelbajac, esprits pratiques ou mordants, chefs de l'opposition contre le comte de Caze, encore minorité ardente, toute de feu pour le triomphe de ses principes.

Cependant la retraite de la comtesse du Cayla faisait un vide extrême autour du Roi : il fallait à Louis XVIII la société d'une femme aimable qui pût causer avec lui, le distraire par les souvenirs du passé et par de petites médisances politiques ou littéraires. M. de Caze avait une sœur qu'il aimait tendrement, mariée à M. Prince-

(1) M. le duc de Doudeauville était d'une bienveillance extrême et du plus doux caractère : c'était une des plus belle figures de la cour.

teau, alors dans les finances. Le Roi demanda qu'elle lui fût présentée. Mme Princeteau, depuis longtemps mère de famille, avait les traits fatigués, un teint brun et mat, comme la race méridionale ; à un esprit lettré elle joignait une inaltérable douceur, une voix presque mélodieuse. Le Roi manifesta le plaisir qu'il avait à la voir, l'invitant à répéter ses charmantes visites. Mme Princeteau devint assidue aux Tuileries, jusqu'à y venir une ou deux fois par semaine ; le Roi causait affectueusement avec elle de sa famille, de ses enfants, de la confiance qu'il avait en son frère ; il était frappé de la justesse des réponses de Mme Princeteau (1). Le Roi lui écrivait de ces petits billets qu'il multipliait à l'infini, car il avait la juste prétention d'être passé maître dans l'art épistolaire, comme un écrivain du dix-huitième siècle : Louis XVIII aspirait au style de Mme de Sévigné.

Le bruit de la faveur de Mme Princeteau s'était répandu au faubourg Saint-Germain. Quelle était donc cette nouvelle et prétentieuse

(1) J'ai vu quelquefois Mme Princeteau chez M. de Caze ; c'était une femme de haute distinction.

Mme de Balby (1) ? Toutes les langues mordantes (et il y en avait beaucoup rue de Varenne, de Grenelle et de Saint-Dominique) se déchaînèrent en railleries blessantes. On inventa même une couleur de rubans, qu'on appela Princeteau-jaune mat ; on porta des chapeaux, des robes de cette manière ; on fit une mode d'opposition. Le Roi, très-affecté, redoubla de prévenances pour le frère et la sœur. M. de Caze jeta aux royalistes l'épithète d'*ultra*, depuis devenue historique, et qui plut singulièrement à Louis XVIII. On ne sait pas tout ce qu'un mot, tout ce qu'une épithète dite à propos ont de puissance sur une situation. Désormais le faubourg Saint-Germain fut classé ; il se composa d'*ultra*, qui voulaient usurper la prérogative royale, une espèce de Fronde de gentilshommes, qui avait son Gaston d'Orléans, son cardinal de Retz et même sa grande Mademoiselle.

Le mot trouvé, Louis XVIII se mit en verve contre le Faubourg, ses salons, ses hommes politiques, ses journaux ; et, comme un ministre ne peut pas se passer de majorité, les royalistes

(1) Dame de compagnie de la comtesse de Provence et fort aimée de Monsieur.

lui faisant défaut, M. de Caze dut s'appuyer sur le parti constitutionnel, c'est-à-dire sur les hommes politiques que l'esprit ardent de la majorité avait presqu'expulsés des affaires : MM. Pasquier, Royer-Collard, Beugnot, Lainé, Barante, Guizot, Saint-Aulaire (1). Les parlementaires plaisaient au Roi, parce qu'ils étaient gens d'étude et qu'ils s'entendaient parfaitement avec l'esprit de M. de Caze. Deux fois par jour, le ministre favori allait aux Tuileries et le Roi lui écrivait encore de petits billets sur ses affaires publiques ou privées; il n'était pas un événement dont Louis XVIII ne se rendît compte avec réflexion; il écrivait des mémoires détachés, où tous les faits étaient précisés avec la plus heureuse distinction; il mettait une grâce infinie à témoigner ses amitiés, sa confiance. Avec les grands seigneurs qu'il n'aimait pas, le Roi était fort réservé, hautain même ; quand M. de Talleyrand, par le droit de charge de grand chambellan, se plaçait derrière le fauteuil de la Couronne, le Roi ne lui adres-

(1) M. Villemain fut nommé directeur général de l'imprimerie et de la librairie et M. Guizot directeur des communes : le salon du duc de Broglie prit une grande importance.

sait jamais la parole. M. de Talleyrand, debout, appuyé sur sa canne, restait impassible à toutes ces froideurs ; il semblait dire : « ingrats, c'est moi qui ai fait leur restauration et voyez comme ils me traitent. » Avec ses gentilshommes de la chambre et les officiers de son service, le Roi ne prenait jamais la peine d'être spirituel ; il était même impatient, un peu grondeur, comme un vieillard endolori et infirme ; toute sa grâce il la réservait pour ses intimités.

Dans un de ses jours de bonté particulière, le Roi dit à M. de Caze : « Assez de douleur, mon ami, pour une perte irréparable (1) : il faut que je vous marie. » M. de Caze s'inclina et répondit par un de ces mots d'obéissance filiale pleine d'émotion et de respect : le Roi avait déjà cherché parmi les nobles et riches héritières et il choisit la jeune Mlle de Saint-Aulaire, d'une haute noblesse. Le comte de Saint-Aulaire, était le descendant de ce poëte octogénaire, le commensal de la duchesse du Maine, l'hôte charmant du château de Sceaux dont j'ai dit

(1) M. de Caze avait tendrement pleuré sa première femme, la fille du président Muraire.

l'histoire (1). Les Saint-Aulaire étaient devenus plus illustres encore, par une alliance princière qui les avait fait entrer dans la famille royale du Danemark. Mlle de Saint-Aulaire était donc un grand parti. Le Roi en fit lui-même la demande au comte, esprit éclairé, libéral, d'une politesse de haute compagnie, membre de la chambre des députés, un des appuis du système ministériel, depuis l'ordonnance du 5 septembre. Mlle de Saint-Aulaire avait dix-neufs ans, fort instruite et de grandes manières (2), pleine de grâce, de distinction. M. de Caze, plus âgé de vingt ans, était un des beaux garçons de la cour impériale; les habitudes de bonnes fortunes lui avaient donné cet attrait particulier qui entraîne et séduit : l'homme qui a été beaucoup aimé semble doué d'une supériorité particulière auprès des femmes. C'est une divinité, que leur imagination place dans l'Olympe de leur rêve ; il y a toujours du mérite à être distingué par beaucoup, et les jeunes filles même les plus chastes le savent bien.

(1) Voyez mon *Cardinal Dubois.*

(2) La duchesse de Caze montra toujours un noble dévouement à son mari : elle vit encore aujourd'hui, grandie par la résignation.

La jeune Mme de Caze plut beaucoup à Louis XVIII et devint, comme Mme Princeteau, une des habituées de ses causeries les plus attrayantes. Le Roi, resté galant comme on l'était sous Louis XV, causait poésie, théâtre, et même toilette et chiffons au besoin. C'était l'époque où Walter Scott publiait ses romans les plus colorés, les plus jacobites ; le Roi en traduisait quelques passages, et il fut de mode de commenter et d'imiter Walter Scott. Le Roi avait récité avec bonheur quelques odes d'Horace ; Mme de Caze en gardait précieusement la copie. Ces petites attentions plaisaient au Roi, qui ne parlait qu'avec enthousiasme du cher ami qui avait remplacé d'Avaray et Blacas ; avec cette différence que M. de Caze était en rapport avec des hommes de pratique et d'affaires, tels que MM. Pasquier (1), Lainé, Cuvier, Royer-Collard ; il s'entourait de jeunes et brillantes capacités : MM. de Barante, Villemain, Guizot. Certes, nul ministre ne fut mieux secondé. Le savant M. de Mirbel obtint une place dans cette brillante phalange, sur ce *canapé*

(1) Depuis chancelier de France, dont la carrière a été si bien remplie.

le la doctrine, chez le duc de Broglie, objet de ant de sarcasmes, dans le faubourg Saint-Germain : le duc de Broglie, esprit distingué, trop lein de ses idées, trop absolu dans ses opinions. 1me de Mirbel d'une jolie figure, artiste distinuée fut appelée aux Tuileries ; le Roi se montra harmant, comme toujours, et consentit à poser our un délicieux portrait, qu'il garda comme n gracieux témoignage.

On faisait tout ainsi pour faire oublier la comesse du Cayla, et cependant Louis XVIII garait toujours mémoire de l'aimable causeuse t de la grande dame ; il lui écrivait et lisait vec un vif plaisir ses réponses ; il recevait vec une faveur particulière le vicomte de Talon, fficier supérieur dans la garde royale, et lui emandait des nouvelles de sa sœur. Pour tout ela il se cachait un peu à son ministère, car ne voulait pas embarrasser les affaires. Elles taient graves : on négociait avec les alliés les onditions de la délivrance du territoire : le oi avait besoin du concours des hommes politiues et de la finance et il ne voulait pas les lesser par une influence cachée. On doit cette istice au ministère présidé par M. de Richeeu, qu'il rendit l'immense service de délivrer la France de l'occupation étrangère. Maître de la majorité de la chambre, le ministre put obtenir le crédit nécessaire et les emprunts destinés à remplir les obligations stipulées par les traités. Jour heureux pour le Roi, quand il put annoncer aux chambres, après le congrès d'Aix-la-Chapelle, que la maison de Bourbon avait acquis assez de force pour faire cesser l'occupation de la France amenée par les Cent-Jours !

On parla beaucoup, à cette époque, d'une note secrète que le faubourg Saint-Germain avait, disait-on, envoyé au congrès d'Aix-la-Chapelle pour retarder les négociations ; cette note, si elle exista jamais, fut l'œuvre de quelques têtes exaltées, d'intrigants d'origine équivoque (1). Le faubourg Saint-Germain ne cessa pas d'être français, plein de patriotisme, fier contre l'étranger comme tout l'ancienne noblesse. Si les gentilshommes n'avaient pas une répugnance grossière pour l'aristocratie européenne, s'ils n'empruntaient pas le langage des hales contre les souverains étrangers, s'il n'ac-

(1) J'ai donné des détails fort curieux dans mon travail sur *La Restauration.*

cumulaient aucune grosse et niaise injure contre le duc de Wellington, lord Castlereagh, les comtes Metternich, Nesselrode, baron de Hardenberg, ils gardaient au cœur des sentiments de la patrie ; ils étaient humiliés de l'occupation et voulaient la faire cesser ! ils applaudirent de tout cœur aux actes du congrès d'Aix-la-Chapelle.

Le danger des concessions politiques est de verser tout d'un côté. Le Roi, en abandonnant le faubourg Saint-Germain, croyait stationner dans le paisible et bourgeois Marais ; le péril l'attendait au faubourg Saint-Antoine. Lorsqu'un parti a subi une éclatante défaite, il s'efface d'abord et se fait un peu courtisan pour ressaisir le pouvoir. Sauf quelques ardents et quelques fous, qui se font tuer pour une idée, l'immense majorité reprend son œuvre à petit bruit, en cachant son dessein sous les dehors du bien public. Ainsi fut le parti opposé à la Restauration ; un moment effrayé, accablé par la réaction royaliste, il ne parla que de la Charte, de la clémence d'Henri IV, du besoin d'oubli et de conciliation. Ceux qui prenaient le titre de libéraux connaissaient bien Louis XVIII, ses goûts, ses prétentions. Quelques-uns,

MM. de Jouy, Arnaud (1), Boissy-d'Anglas, avaient appartenu à sa maison ; ils le prenaient par son faible : la littérature ; ils exaltaient l'esprit de l'auguste auteur de la Charte et son goût pour les lettres. En flattant cette petite vanité du Roi, ils parvinrent à obtenir l'autorisation de fonder un journal, sous le titre d'*Indépendant* (depuis le *Constitutionnel*) (2). Quoi de plus innocent que de défendre la Charte donnée par le Roi ? Jusqu'à la fin de 1816, le langage en vers et en prose fut d'une extrême prudence. Le chansonnier Béranger, si impertinent, lorsque naguère il attaquait le marquis de Carabas, publiait sa chanson doucereuse sur le *Ménétrier du hameau* appelant la concorde et le pardon, c'est-à-dire le rappel des exilés, des émigrés tricolores, les *marquis de Carabas* de la Révolution : il ne faut pas que les partis vainqueurs se raillent trop des vaincus; chacun a son jour de représaille.

(1) Arnaud était maître de la garde-robe de Monsieur. M. Boissy d'Anglas, son maître-d'hôtel.

(2) L'autorisation fut donnée par M. de Richelieu; M. Jay avait toute la confiance de M. de Caze; il était de Bordeaux comme lui.

Après la dissolution de la Chambre de 1815, les ennemis de la maison de Bourbon avaient compris que le ministère du comte de Caze, en se séparant des royalistes, devait forcément recourir à leur vote, à leur appui. Toutes les forces de l'esprit de parti furent dirigées vers l'éloge de la Révolution et de l'Empire, jusqu'à exalter même les fautes. On multiplia les pièces de théâtre et les gravures, que la lithographie reproduisait avec une infatigable activité ; on chanta la *Colonne*, le *Champ d'asile* et le *Soldat laboureur* (1), idylle un peu niaise, qui poétisait la soupe aux choux. Ce qui paraît aujourd'hui parfaitement ridicule : habits et défroques, excitaient l'enthousiasme ; on semblait dire à la Restauration qu'elle avait fait les ruines de toutes les gloires. Le parti des vétérans de la Révolution se reconstitua à côté des jeunes adeptes du carbonarisme, tandis que la bourgeoisie paisible se laissait enivrer par le vieux vin des idées de 1789. Personne ne pouvait dire quelles étaient précisément ces idées ; on les élevait comme un drapeau nuageux qui

(1) Pièce enfantine de M. Scribe : l'élément de succès était dans une soupe aux choux.

avait produit tantôt l'anarchie, tantôt la dictature : si jamais on acceptait les idées de 1789 formulées dans la constitution de 1791, il n'y aurait plus de gouvernement possible. Les choses marchèrent si bien que, dans le mouvement électoral de 1817 et 1818, la gauche obtint une forte minorité.

Le Roi commença sérieusement à s'inquiéter de ces tendances ; s'il avait sacrifié malicieusement le faubourg Saint-Germain, il ne voulait pas recommencer l'assemblée constituante. Il répétait avec tristesse à M. de Caze : « Mon enfant nous allons trop loin. » Dans cette situation d'esprit, la correspondance de Mme du Cayla avec le Roi prit plus d'importance ; l'amie osa sinon lui donner des conseils, au moins lui présenter des appréciations, des éventualités; elle atténuait dans son esprit les répugnances que pouvaient inspirer certains hommes considérables du faubourg Saint-Germain : « moins terribles, moins intraitables qu'il pouvait le supposer ; tous étaient décidés à prêter leur concours au Roi dans les crises qui menaçaient la monarchie. » Mme du Cayla faisait en même temps comprendre aux plus ardents du Faubourg la nécessité de faire certaines concessions, pour reconquérir la confiance du Roi et lui prouver que les *ultra* n'étaient pas aussi frondeurs que M. de Caze et ses amis le laissaient supposer. Un rapprochement paraissait possible et les circonstances bien choisies. Les noms les plus hostiles à la maison de Bourbon étaient sortis de l'urne électorale (1) : MM. Laffite, Bignon, le vieux et incorrigible M. de Lafayette, et le régicide abbé Grégoire. Il était constaté qu'avec la loi actuelle, la Chambre des députés serait bientôt envahie par une majorité hostile à la maison de Bourbon ; or, comment modifier la loi électorale sans le concours des députés des salons du faubourg Saint-Germain ?

A cette époque de crise, la comtesse du Cayla reparut sur la scène; séparée un moment du Roi, elle n'avait jamais été oubliée ; Louis XVIII avait pu juger et comparer : Mme Princeteau l'intéressait par sa douceur, Mme de Mirbel, par le charme de ses talents; mais aucune ne possédait cette simplicité brillante de la haute compagnie, cette causerie mutine et de respectueuse contradiction qui plaisait à Louis XVIII.

(1) En 1818 et 1819.

Aux yeux du Roi, Mmes Princeteau et Mirbel étaient de gracieuses femmes qu'il protégeait plus qu'il ne les aimait ; en tout elles n'étaient pas amusantes. Si la comtesse du Cayla pouvait le contrarier, elle restait comme une distraction ; cet ascendant devenait plus considérable à mesure que le Roi avait plus d'inquiétude sur la marche des affaires publiques. La comtesse devait présider à la réconciliation de Louis XVIII avec les salons du faubourg Saint-Germain.

VI

ALLIANCE DU FAUBOURG SAINT-GERMAIN AVEC LE GOUVERNEMENT DU ROI. — SA FORCE. — SON ESPRIT. — SA LITTÉRATURE. — SON MINISTÈRE.

1817 — 1820

En présence de l'agitation des âmes, le comte le Caze aurait voulu s'arrêter sur la pente apide où le précipitait trop de tolérance. Iais où chercher un appui? Les salons du fau-ourg Saint-Germain et le ministre s'étaient si nutuellement raillés, insultés qu'un rapproche-nent devenait impossible. A la tête des roya-istes, Monsieur, comte d'Artois, avait sa cour idèle et un peu téméraire : MM. de Bruge, de olignac, de Fitz-James (1) qu'il destinait au ninistère, et avec eux MM. le vicomte Matthieu

(1) Tous faisaient une opposition ouverte à M. de Caze le 1818 à 1820).

de Montmorency, Châteaubriand, Villèle, Cas telbajac, Corbière. Il avait pris en vive amitié l vicomte Sosthènes de La Rochefoucauld, le fils d duc Doudeauville, l'ami de la comtesse du Cayla jeune homme d'une ardente fidélité, (1) espr actif qui avait besoin de mouvement et d'affaires on le trouvait partout : sans avoir la beauté aris tocratique du duc de Doudeauville, son pèr il était joli garçon et faisait les beaux jours de élégantes compagnies.

Les salons de l'aristocratie n'étaient ni exclu sifs, ni hautains : ouverts à tout ce que la litte rature avait de plus distingué, ils accueillaien les hommes de mérite avec une bienveillanc particulière et une distinction qui illuminaien leurs travaux. Chez les duchesses de Duras de Guiche, de la Trémouille, la comtesse d Cayla, la duchesse de Dino ou de Laval, la li térature, la poésie étaient admises sur un pied d parfaite égalité avec les plus grands seigneurs Mme de Duras travaillait à sa charmante nouvell d'*Ourika*, qui déjà avait eu un retentissemen

(1) Le décret signé à Lyon par l'Empereur le 10 ma 1815, mettait le vicomte Sosthènes sur la liste des pros crits, car le gouvernement des Cent-Jours avait donn l'exemple de ces sévérités.

e lecture (1). Les courtisans assidus de ces
ılons étaient deux jeunes officiers, poëtes, l'un
vait fait partie de la maison-rouge, les chevau-
gers au gracieux uniforme: M. Alfred de Vigny
sait les plus jolis vers du monde ; M. Alphonse
e Lamartine publiait ses *Méditations*, dont les
ienveillantes duchesses firent la renommée au
elà de leur mérite : ces *Méditations* apparte-
aient à la littérature désolée, lamentable,
ors fort en vogue depuis le *Child-Harold* de
yron : quand un génie apparaît sur la scène il
aîne à sa suite une multitude d'imitateurs.
yron avait pris orgueilleusement la robe du
émon dans le paradis déchu de ses émotions
erdues ; M. de Lamartine choisit celui de
ange des espérances. Quand on lit, aujour-
'hui, les *Premières Méditations*, sorte de cas-
ıde d'eau tiède qui tombe sur le cerveau
lourdi, on se demande comment il se fit tant
e bruit autour de cette œuvre ! C'est que
I. de Lamartine exaltait les sentiments et
s opinions religieuses des salons de la haute
ristocratie, où était également accueilli un
ut jeune homme que M. de Châteaubriand

(1) Louis XVIII en faisait un très-grand cas.

avait pris sous la protection de son génie. M. Victor Hugo faisait vibrer le son d'une lyre harmonieuse, d'une flûte de cristal, mêlé au clavier d'un orgue d'église ; son royalisme ardent était implacable contre les révolutionnaires, il ne pardonnait rien, il flétrissait les époques populaires et les idées impies s'agenouillant devant les autels, avec la piété d'un moine du moyen âge (1).

Les salons qui comptaient une si belle littérature: MM. de Châteaubriand, de Bonald, de Maistre, de Fontanes, l'abbé de Lamennais attaquaient sans ménagement, dans un recueil périodique, *le Conservateur*, la politique de M. de Caze. Depuis l'élection du régicide abbé Grégoire, si insultante pour la maison des Bourbons, le ministre favori de Louis XVIII avait compris qu'il fallait un point d'arrêt à son système; le Roi, conseillé par Mme du Cayla, le lui avait dit d'une façon assez nette pour qu'il pût comprendre que telle était la volonté de la Couronne : isolé ainsi de droite et de gauche, M. de Caze s'était entouré

(1) Les premières poésies de M. Victor Hugo, d'un royalisme ardent, portent ces titres : *Les Vierges de Verdun*, 1818. *Quiberon*, 1820. *Capet, éveille-toi!* 1820.

d'une nouvelle école politique incontestablement d'une grande valeur : MM. Camille Jordan, Royer-Colard, Guizot, de Barante, qui formèrent le célèbre canapé, sous l'influence de la duchesse de Broglie, fille de madame de Staël, d'un esprit distingué, d'une jolie figure, mais d'une philosophie protestante sèche, absolue et surtout antipathique au faubourg Saint-Germain : « on pouvait dormir sur le canapé, disait de M. Salabery, mais on n'y faisait que de mauvais rêves. » Il y eut bien de jolies choses écrites sur le canapé doctrinaire, composé pourtant d'hommes d'un haut mérite, mais fiers, pleins d'eux-mêmes et de leur capacité gouvernementale (1).

Une agitation terrible dominait les esprits, comme à la veille d'une lutte suprême. Avec la liberté de la presse et des jurys faciles, tout pouvait s'écrire et se dire. Il parut, en 1819, sur les *Bourbons*, les *Cent-Jours*, la *famille royale*, des livres-pamphlets audacieux, précurseurs des

(1) Pendant deux années, le fameux canapé fut maître de la politique de M. de Caze : Tous les projets de loi y étaient soumis et discutés. MM. Villemain et Guizot rédigeaient les exposés de motif avec un talent bien remarquable.

révolutions; les haines à peine apaisées se réveillaient toutes puissantes; des conjurations menaçaient partout: dans les sociétés secrètes se préparaient des crimes solitaires, les plus redoutables de tous; on étudiait avec une sauvage fureur lequel d'entre les Bourbons il fallait frapper, pour éteindre définitivement la branche aînée par un seul coup. Louvel choisit le duc de Berry (1).

Le bruit de ce funèbre événement se répandit en Europe; tous les cabinets eux-mêmes, menacés par les révoltes de soldats, attribuèrent l'assassinat du duc de Berry à la fausse politique qui avait entraîné le Roi de France vers des concessions incessantes. Les notes furent entrecoupées de cette dénonciation suprême : « C'est le ministère qui, par ses doctrines et ses alliances, a préparé l'audace des ennemis de la maison de Bourbon. » M. de Châteaubriand osa écrire de cruelles paroles contre le comte de Caze (2). M. le comte d'Artois, la

(1) 13 février 1820, frappé à la sortie de l'Opéra.

(2) « Le pied lui a glissé dans le sang. » M. Clausel de Coussergue porta une accusation directe contre le comte de Caze, combattue avec une juste indignation par M. le comte de Saint-Aulaire.

duchesse d'Angoulême supplièrent le Roi d'éloigner le ministre accusé à tort ou à raison, par les conservateurs : Louis XVIII céda, la comtesse du Cayla ne fut pas étrangère à cette victoire retentissante. Un grand vide se fit, après la démission du comte de Caze.

Ce fut dans la formation d'un ministère de résistance que l'action de la comtesse fut active et puissante. Louis XVIII avait encore de vives anthipathies pour les députés du côté droit qui avaient si longtemps combattu son système : il fallait pourtant les lui faire accepter. Ce fut la tâche que la comtesse s'imposa : elle se plut à vanter leur talent, leur soumission profonde à la volonté royale, la modération de leurs idées et leur capacité pratique (1).

Sous cette influence, le Roi composa le second ministère de M. de Richelieu, qui dut demander le concours du faubourg Saint-Germain dans le difficile débat de la loi des élections, au moment où la dynastie était menacée par l'émeute. Le duc de Richelieu, respectueux avec le Roi, gardait une valeur trop personnelle pour accepter

(1) Voir mon travail sur *La Restauration* où j'ai décrit cette situation très-délicate.

jamais la position assouplie d'un favori : Si les hommes politiques qui formaient son cabinet avaient chacun une valeur considérable à la tribune, MM. Pasquier, de Serre, Lainé n'étaient pas fort amusants pour le Roi ; ils ne pouvaient, en aucun cas, le distraire par cette douce et obéissante causerie que M. de Caze savait rendre charmante et que la comtesse du Cayla allait reprendre de sa voix douce et harmonieuse. Louis XVIII s'ennuyait des affaires ; sa distraction presque journalière était d'écrire de petits billets à M. de Caze, l'enfant chéri, alors ambassadeur à Londres. C'était encore l'inquiétude du faubourg Saint-Germain, et la comtesse du Cayla était chargée de lutter contre ces retours vers les affections du passé.

Nulle session ne fut plus menaçante que celle de 1820. Splendide comme éloquence parlementaire, la tribune brilla d'un grand éclat (1). Jamais le gouvernement représentatif ne s'était manifesté dans une plus haute liberté. Après une vive et suprême lutte, la loi électo-

(1) Les orateurs étaient : le général Foy, Casimir Perrier, Royer-Collard, de Serre, Molé, Camille Jordan, Pasquier, Lainé.

rale modifiée donna la majorité à la droite; or l'ordre parlementaire veut qu'un parti n'accorde son appui qu'à la condition de partager le pouvoir, et, s'il est assez fort pour s'en emparer seul, il le fait en vertu de sa force. Il était donc impossible au cabinet du duc de Richelieu de ne pas assurer une haute situation aux députés du faubourg Saint-Germain. MM. de Villèle, Corbière furent nommés ministres d'État sans portefeuille (1); M. de Corbière eut en outre le titre de grand-maître de l'Université : la comtesse du Cayla redoubla d'efforts pour faire accepter par le Roi les formes un peu bourgeoises des nouveaux hommes d'État; elle en riait avec lui, tout en insistant sur leur honnêteté et leur capacité. Peu à peu le Roi les prit en confiance : tout fut accompli à la naissance du duc de Bordeaux, proclamé l'enfant de l'Europe et que M. Victor Hugo célébrait avec son jeune enthousiasme dans les salons de la plus ardente aristocratie.

Savez-vous, voyageur, pourquoi dissipant l'ombre
D'innombrables clartés brillent dans la nuit sombre?

(1) Septembre 1820.

Quelle immense vapeur rougit les cieux couverts,
Et pourquoi mille cris, frappant la nue ardente,
Dans la ville au loin rayonnante,
Comme un concert confus s'élèvent dans les airs?
O joie! ô triomphe! ô mystère!
Il est né l'enfant glorieux,
L'ange que promit à la terre
Un martyr partant pour les cieux!
L'avenir voilé se révèle,
Salut à la flamme nouvelle
Qui ranime l'ancien flambeau!
Honneur à sa première aurore,
O jeune lys qui vient d'éclore
Tendre fleur qui sort d'un tombeau (1).

La naissance du duc de Bordeaux donna une force, une assurance considérable au faubourg Saint-Germain, comme si un berceau pouvait sauver une dynastie menacée, triste barque que la tempête n'épargne guère! A la fin de la session de 1821, il se crut assez fort pour s'emparer du pouvoir et organiser son propre ministère. La présidence du conseil fut donnée au vicomte Matthieu de Montmorency avec le portefeuille des affaires étrangères; M. de Villèle, dont la capacité allait se déployer avec tant d'éclat, prenait le ministère des finances; on

(1) *Odes et Ballades* de M. Victor Hugo.

donnait l'intérieur à M. de Corbière, esprit raide, aux manières saccadées et un peu maussades ; la justice à M. de Peyronnet, intelligence osée et confiante en elle-même ; la marine à M. de Clermont-Tonnerre. M. de Polignac était nommé ambassadeur à Londres; M. de Châteaubriand acceptait l'ambassade de Rome ; M. de Laval celle de Vienne. Le duc de Doudeauville prenait la direction générale des postes et le vicomte Sosthènes de La Rochefoucauld, son fils, le département des beaux-arts.

Indépendamment de sa courtoisie parfaite, ce qui donnait crédit au vicomte Sosthènes de La Rochefoucauld, c'était la vive amitié que lui portait la comtesse du Cayla. Le Roi, alors très-souffrant, considérait la constitution du nouveau ministère comme une sorte d'abdication de son système ; tout le soin de la comtesse fut de lui prouver son erreur : « il n'avait pas de sujet plus respectueux que le comte d'Artois et de serviteurs plus dévoués que les royalistes du faubourg Saint-Germain. » Le Roi, mal à l'aise dans son nouveau conseil, cherchait incessamment des distractions, et la comtesse, dans son spirituel caquetage, parlait de tout : vers, style, quelquefois de la pièce du jour, des grands et des petits auteurs. Dans une de ces causeries intimes le Roi lut à Mme du Cayla les quelques pages qu'il avait écrites sur son voyage à Gand, adressées à son fidèle ami d'Avaray. Il régnait un certain charme, une familière simplicité, dans ce petit opuscule ; l'aimable confidente manifesta une admiration qui n'était pas jouée ; il est si naturel de louer un Roi écrivain! Par un larcin gracieux, la comtesse du Cayla déroba le manuscrit, le fit imprimer en splendides caractères et lui en fit hommage. Le vieux monarque fit semblant de s'en fâcher ; il gronda beaucoup son amie de son indiscrétion ; au fond de l'âme il en fut très-flatté : quel homme lettré n'est pas ému d'un succès littéraire (1) !

Il fallait ces distractions au Roi pour lui faire supporter son nouveau ministère. Louis XVIII aimait à railler le vicomte de Montmorency, qu'il avait connu à la Constituante, élève de l'abbé Siéyès et qu'il appelait le pénitent politique. Par contraire, il appréciait M. de Villèle, qui avait siégé dans le conseil du duc de Richelieu. Si, avec son fin sourire, dans l'in-

(1) La première édition portait ce titre : *Relation d'un Voyage à Gand*, 1824, petit in-8°.

imité de la comtesse, il contrefaisait la voix nasillarde du ministre, qu'il comparait à celle de Polichinelle, il proclamait son grand sens, sa modération et sa haute pratique des affaires. La brusquerie, la rudesse bretonne de M. de Corbière lui avait déplu d'abord ; le Roi avait été un peu blessé de son sans-gêne : M. de Corbière plaçait sa tabatière sur la table de travail ; mais il estimait l'érudit classique, qui savait Virgile et Horace par cœur et répondait à ses défis de mémoire : si les phrases sonores et retentissantes de M. Peyronnet lui étaient peu sympathiques, il tenait compte de son talent de tribune. La comtesse, alors à quarante ans, avait conservé toutes les beautés du milieu de la vie: une suave carnation, des formes belles et élégantes, des yeux merveilleusement doux, la bouche un peu large, mais souriante et spirituelle, la nonchalance mêlée à une certaine dignité ; telle que la reproduit le portrait de Gérard (1). Seulement Gérard, peintre remarquable

(1) Il existe deux portraits de la comtesse du Cayla par Gérard : l'un reproduit seulement la tête, l'autre la représente en pied entourée de ses deux enfants ; le garçon est vêtu en marin ; la jeune fille est assise sur les genoux de sa mère.

pour les vastes compositions, n'avait pas l
même éclat, la suavité nécessaire pour le por
trait d'une femme : il ne savait pas dissimule
ses défauts ; il les exagérait par une certain
rudesse de couleur.

Le salon de la comtesse du Cayla grandissai
avec sa faveur, et le plus zélé de ses courtisan
était toujours le vicomte Sosthènes de La Roche
foucauld, que le Roi avait placé au départemer
des beaux-arts. Très-avide de faire le bien, il l
faisait peut-être avec trop d'éclat et d'ostenta
tion ; il n'était pas toujours heureux dans se
mesures, et quelques hableurs, qui se disaient se
fidèles, le compromettaient plus encore. On cit
de lui l'ordre donné au directeur de l'académi
royale de musique, pour allonger le jupon de
danseuses et mettre plus de modestie dans l
maillot ; il fut très-facile à l'esprit français d
railler cette pudeur qu'on imposait à l'opéra
mais un gouvernement ne doit pas tenir écol
d'immoralité et autoriser ces exhibitions de
saturnales romaines qui corrompent le peuple
Le vicomte a publié la série de lettres qu'i
écrivait à la comtesse sur les incidents ministé
riels et ses négociations avec des gens de lettre
et des journalistes pour les rattacher au gou-

vernement du Roi ; si le vicomte Sosthènes était large, facile, les négociateurs qu'il employait ne méritaient pas toujours sa faveur et son estime ; il avait composé ses bureaux avec plus d'intelligence de jeunes hommes estimables, appartenant au monde, quelques-uns liés au parti religieux.

Sous l'influence d'un grand devoir, le faubourg Saint-Germain s'était donné la tâche immense de donner à l'éducation une tendance religieuse et morale. A la tête de l'Université, l'abbé Frayssinous, évêque d'Hermopolis, n'hésita pas dans cette mission qui avait ses difficultés (1) ; il avait un amour infini pour la jeunesse : il aurait voulu la voir tout entière pieuse, obéissante et instruite ; était-ce un mal ? Il voulait la réunir autour des plaisirs innocents et retenus : était-ce un crime ? Il y a bien d'autres joies que celles des débauches ! Au lieu de créer des raisonneurs insupportables, de petits philosophes qui discutent le Christianisme, il voulait former des élèves soumis aux lois, au gouverne-

(1) Étudiant, je fus accueilli avec une bonté paternelle par l'évêque d'Hermopolis, grave vieillard d'un esprit gai et bienveillant.

ment et aux devoirs. Rien de sombre, ni d'ascétique; les plus élégants salons étaient ouverts aux jeunes gens; l'évêque les suivait avec un soin particulier dans leur carrière; on les mariait honnêtement, au lieu de les jeter libres dans un monde de jeu et de courtisanes. Cette affiliation du grand monde descendait jusqu'à l'ouvrier, organisé en confrérie et en patronage pour le travail, les distractions et les secours mutuels. Ce n'était pas dans ces confréries que le travailleur pouvait se perdre et dissiper le denier de la famille !

Au bruit de paroles railleuses et cruelles, cette belle et vaste association fut dénoncée sous le nom de Congrégation. On en fit un monstre aux mille yeux, aux oreilles dressées pour la surveillance et l'espionnage : les partis sont habiles à inventer une épithète qu'ils rendent ensuite odieuse! A ces haines implacables vinrent se joindre les écrits très-distingués des universitaires, mécontents de la direction des études. Il serait inutile de nier les talents supérieurs de MM. Royer-Collard, Guizot, Cousin, Villemain; mais, profondément affectés par leur disgrâce politique, ils attaquèrent l'enseignement de la nouvelle Université; leur esprit, troublé par de fausses impressions, les entraîna dans des écarts dont l'expérience a dû faire connaître le danger : ils avaient fait de l'École normale la source savante d'un panthéisme sceptique ; ils avaient transformé l'École polytechnique en un centre de résistance. Dans les Écoles de droit et de médecine s'était manifestée une agitation de doctrines et de pensées malfaisantes. Au Collége de France, aux Facultés des lettres, à la Sorbonne, on enseignait les doctrines du dix-huitième siècle (1). Telle avait été l'Université de 1816 à 1820, dirigée pourtant par des hommes d'une certaine valeur.

Fallait-il laisser se répandre ces doctrines? L'évêque d'Hermopolis ne le pensa pas ; d'où vint la vive opposition qui attaqua toutes ses mesures dictées par l'esprit de conservation et de famille. La Congrégation fut dénoncée comme l'œuvre des Jésuites, et Saint-Acheul devint le point de mire de l'opposition : il se fit un bruit immense autour de ce qui n'était qu'une œuvre de moralisation religieuse. Les

(1) MM. Andrieux et Tissot semaient les plus étranges théories contre l'ancienne Monarchie et l'éloge de la Révolution.

idées politiques qu'exprimait le faubourg Saint-Germain avaient leur raison d'être; il voulait faire pénétrer l'esprit de conservation dans la propriété, la famille et les successions, donner la liberté aux congrégations religieuses, protéger le culte public. Croit-on que la société présente, païenne, panthéiste, avec la licence des mœurs, la dégradation des âmes, soit préférable dans ses confusions ? Croit-on qu'il n'y a rien à redouter de ces tendances littéraires et de l'éducation publique?

VII

LE CONGRÈS DE VÉRONE. — GUERRE D'ESPAGNE. — LES CRISES DU MINISTÈRE. — TRANSFORMATION DU FAUBOURG SAINT-GERMAIN.

1822 — 1824

Le danger pour les causes victorieuses vient de leurs divisions, et le parti gentilhomme y est très-exposé, témoin la Fronde! Au temps même de sa lutte et avant son triomphe, on comptait plusieurs nuances dans le royalisme : les gentilshommes mondains, gens d'esprit et de galanterie, ne sacrifiant aucun plaisir, aucune distraction, et au besoin adoptant la devise galante de Henri IV. Ceux-ci faisaient disparate avec les politiques religieux, hommes de devoir et de fermeté à qui on avait donné les postes de confiance : à la préfecture de police, on avait placé M. Delavaux (1), et au ministère des finances, auprès de M. de Villèle, M. de Raineville (2). Enfin, une troisième fraction, la plus ardente du parti royaliste, était conduite par le comte de La Bourdonnaye : ce fut une faute de ne point lui donner un portefeuille : on craignait ses opinions ardentes. Les partis, quand ils prennent les affaires, sont entraînés vers la modération : on ne gouverne pas ardemment, mais prudemment, sous peine de perdre le pays.

A l'origine de ce ministère, le péril était sérieux pour la maison de Bourbon : le carbonarisme, association secrète née en Italie, s'était étendu à la France comme un réseau de ténèbres et jusque dans l'armée ; il s'était formé des cercles ou *ventes militaires*, comme parmi les étudiants des écoles (3). Le maréchal duc de Bellune, ministre de la guerre, soldat de fortune, plein d'énergie et de capacité, s'était dé-

(1) M. Delavaux, esprit pur, était conseiller à la cour royale de Paris.

(2) M. Alphonse de Raineville développa la plus haute capacité au ministère des finances sous M. de Villèle.

(3) Lors du procès du mois d'août 1820, on avait nié l'existence de ces associations ; aujourd'hui qu'elles ont triomphé on s'est fait gloire de leur avoir appartenu.

voué à la Restauration avec toute la loyauté de son épée. Le gouvernement, informé des complots, avait d'abord traité les coupables avec une certaine indulgence ; traduits devant la Cour des pairs, les jeunes officiers furent condamnés à des peines correctionnelles (1). Ce ne fut qu'après l'insurrection à main armée, éclatant en plein soleil, qu'il dut sévir avec vigueur.

Que devait faire le gouvernement ? Au lieu de châtier les pauvres et braves sous-officiers qu'on avait séduits, le ministère devait hardiment aller aux chefs MM. de Lafayette, Voyer d'Argenson ; on aurait fait ainsi de la grande politique ; les débats auraient révélé la pensée du complot et la main qui le dirigeait. Ce n'était pas seulement en France qu'éclatait l'insurrection militaire ; les armées s'étaient révoltées à Naples, dans le Piémont, en Portugal, en Espagne. Les cabinets, menacés dans leur force répressive, résolurent de se réunir en Congrès pour aviser au danger ; le lieu fixé fut Vérone (2). Les gentilshommes les plus ar-

(1) Octobre 1821.

(2) Sur le Congrès de Vérone, voir l'appendice au *Recueil des actes du Congrès de Vienne* (Amyot 1864).

dents du faubourg Saint-Germain y vinrent en nombre, afin de s'entendre avec l'aristocrati européenne sur les mesures à prendre. Il fallu beaucoup d'efforts, de grâce et d'esprit à la comtesse du Cayla pour déterminer le choix des plénipotentiaires : le premier fut son ami, le vicomte Matthieu de Montmorency, en qui le Roi n'avait pas confiance. Mme du Cayla soutint le vicomte Matthieu avec un dévouemen absolu : n'était-il pas le beau-père du vicomte Sosthènes de La Rochefoucauld, le compagnon du duc de Doudeauville, le vieil ami de la comtesse? On obtint avec plus de facilité le choix de M. de Châteaubriand ; les préventions du Roi cédèrent devant le retentissement de la brochure de l'illustre écrivain sur la *Vie du duc de Berry*, chef-d'œuvre de style qui élevai si haut la maison de Bourbon.

La comtesse du Cayla s'était aperçue que M. de Villèle commençait à plaire au Roi, par son jugement ferme et par sa facilité extrême dans les affaires les plus difficiles, sans le fatiguer et surtout sans l'ennuyer. Louis XVIII acceptait M. de Villèle comme l'esprit le plus capable de tempérer et de diriger la majorité royaliste. Ainsi débarrassé de tout travail politique, Louis XVIII n'avait plus d'autre distraction que les causeries de la comtesse : toujours plein de galanterie, un soir le Roi lui remit, sous une enveloppe au scel royal, le contrat de vente régulier du château de Saint-Ouen, célèbre dans les annales de la Restauration. Ce château, ancienne propriété des ducs de Gesvre, puis de la marquise de Pompadour, avait été acquis des propres deniers du Roi après 1814 ; avec un soin extrême, il avait présidé à la construction d'un charmant pavillon italien. Louis XVIII aimait à rappeler qu'à Saint-Ouen il avait signé la déclaration qui donnait tant de liberté à la France, après le pouvoir absolu de l'Empire. Il considérait cette déclaration comme un de ses beaux titres de gloire. A qui pouvait-il mieux le confier qu'à l'amie de son cœur, qui guérissait ses souffrances, partageait ses ennuis, consolait ses désenchantements (1). Peut-être aussi

(1) La version de la princesse de Craon est que sa mère acquit Saint-Ouen par contrat notarié et de ses deniers. Je mentionne ce fait sans en prendre la responsabilité.

Le jour de la saint Louis (1823), la comtesse du Cayla donna une grande fête au château de Saint-Ouen, où le portrait du roi Louis XVIII, peint par Gérard, fut inauguré.

le Roi faisait-il une recommandation à Mme d Cayla, et son esprit, toujours un peu caustique décochait une épigramme enveloppée dans u contrat généreux ; il savait que les amis de l comtesse n'aimaient pas ardemment la Charte et il confiait son berceau à la nymphe protec trice du noble Faubourg, car le roi considérait l Charte comme l'acte le plus profondément his torique de son règne, le résumé des idées d toute sa vie.

Le faubourg Saint-Germain devait prendr un immense intérêt au congrès de Vérone où devait s'agiter devant les souverains la questio capitale d'une intervention en Espagne. Tou les membres du cabinet de Louis XVIII n'étaien pas d'accord au même degré sur les moyens d comprimer les Cortès en révolte contre Ferdinand VII. Le vicomte Montmorency voulai l'intervention militaire immédiate ; M. de Châteaubriand, lié à M. de Villèle, espérait la voie diplomatique pour amener une solution. Cette dissidence sur un point si capital décida la démission du vicomte Montmorency, dont les notes ne furent point acceptées. C'était une crise : Mme du Cayla fit tous ses efforts pour vaincre la répugnance de Louis XVIII. M. de

Châteaubriand remplaça le vicomte de Montmorency, créé duc. M. de Châteaubriand, avec ses immenses facultés littéraires, était, en politique, un caractère impressionnable, mobile; la popularité l'enivrait ; il n'avait pas le courage de rompre avec l'opinion publique, qu'il caressait toujours comme une femme capricieuse et aimée; ambassadeur en Angleterre, il s'était lié avec M. Canning, et tout orgueilleux de cette amitié populaire, il aspirait à la direction suprême du cabinet. Or, M. Canning croyait qu'il était possible de s'arranger avec les Cortès et d'amener une transaction libérale entre Ferdinand VII et les constitutionnels espagnols : dans cette voie, il entraînait M. de Châteaubriand.

La partie ardente du faubourg Saint-Germain avait profondément ressenti la disgrâce du duc Matthieu de Montmorency et voulait se séparer de M. de Villèle ; le vicomte Sosthènes de La Rochefoucauld et Mme du Cayla atténuèrent cette irritation par les espérances que donnait M. de Châteaubriand : les tiendrait-il ? Le nouveau ministre des affaires étrangères avait un de ces orgueils de poëte profondément irritable ; quand il ne dominait pas, il se croyait blessé, méconnu ; ministre des affaires étrangères, il espérait ajouter la présidence du conseil à son département. M. de Villèle, qui n'avait pas voulu d'abord l'intervention en Espagne, acte trop hard pour son esprit, dut subir la loi de son parti : i est de ces entraînements d'opinions auxquel rien ne résiste ; souvent les hommes d'État son forcés de faire ce qu'ils ne veulent pas. La révolution espagnole fut vaincue, comme toutes le révolutions, lorsqu'on sait les prendre à temp et les réprimer avec vigueur ; en Espagne surtout, où les choses les plus graves se font légèrement, où les régiments passent d'une cause une autre, comme ils dansent un *fandango* a son des castagnettes. Ferdinand VII fut restaur sur le trône. Il en résulta pour la maison d Bourbon, pour son drapeau et son armée, un gloire particulière et cette force de gouvernement que donne toujours le baptême de la victoire. La Restauration eut enfin son glorieu livre de bataille.

La famille de Mme du Cayla tenait à l'armé par un noble côté ; le général vicomte Talon frère de la comtesse, avait commencé sa carrièr de soldat sous le premier Empire : capitaine vingt ans, il avait servi en Italie, en Espagn

.vec distinction ; il fit partie de la grande .rmée, il combattit vaillamment jusqu'à la chute le l'Empire (1), fidèle au serment qu'il avait prêté : ainsi était l'esprit des gentilshommes. A la Restauration, le vicomte Talon salua le etour de l'ancienne dynastie qu'avaient tant .imé ses pères, et fut nommé lieutenant-colonel les grenadiers à cheval de la garde, puis colonel les hussards de Berry et des lanciers; il avait été appelé au commandement d'une brigade de :avalerie dans la garde ; tendrement aimé de sa œur, il n'en reçut néanmoins aucune faveur particulière. Le vicomte Talon avait épousé, en secondes noces, Gabrielle, princesse de Beauvau, l'une haute naissance. Les Beauvau, d'origine de Lorraine, comptaient dans leur famille le maré-chal de Beauvau, esprit remarquable, un peu encyclopédique, fort aimé de Louis XVI pour ses tendances libérales (2).

(1) Le vicomte Talon avait été deux fois décoré sur le champ de bataille.

(2) Le maréchal Charles Just de Beauvau, prince de Craon, mort au mois de mars 1793; il avait épousé Charlotte de Chabot Rohan ; sa première femme était Bouillon.

La paix donna un profond repos au pays les esprits étaient portés vers les entreprises financières ; la société se faisait industrielle. La comtesse du Cayla se mit à l: tête d'une compagnie formée pour l'amélio ration des fabriques des longues laines de: Gobelins, de la Savonnerie, avec tant de soin tant de sollicitude, qu'elle présidait elle-mêm l'assemblée et qu'en l'élisant, les actionnaire: s'écrièrent : « Mme du Cayla est *l'homme* qu'i nous faut (1). » Avec son discernemen fin et délicat, la comtesse avait compri que pour Louis XVIII, déjà maladif et d'u grand âge, la guerre n'était qu'un accident la paix, l'ordre, la liberté légale, la prospérité devaient être le but définitif de la Restauration.

La politique du Roi était celle-ci : il pensai que la France ne devait pas se brouiller avec l'An gleterre en exagérant les résultats de la guerr d'Espagne. Les notes de M. Canning devenaien pressantes, impératives, sur l'émancipation de: colonies espagnoles, et M. de Villèle les approu-

(1) C'est l'enthousiaste vicomte de La Rochefoucaul qui rapporte cette particularité.

vait (1). Cette tempérance libérale grandissait la contre-opposition royaliste que dirigeait le comte de La Bourdonnaye, esprit ardent et passionné, qui attaquait M. de Villèle, persévérant dans les voies modérées et pacifiques. Il est rare qu'un pouvoir s'exalte, se passionne jusqu'à perdre la droiture, la raison ; ce qu'avaient été M. de Caze et M. de Richelieu, M. de Villèle le devenait par la force des choses. La France avait besoin d'ordre et de repos : la paix des âmes était nécessaire pour développer les remarquables plans financiers de M. de Villèle.

La Restauration, époque de liberté heureuse, avait fondé le crédit public. Louis XVIII avait trouvé en 1814, sous l'Empire, (2), le 5 0/0, à 50 fr., et, par la confiance qu'inspiraient les ressources de la France, il s'élevait en 1824, à 106 et 108 fr. Fort lié avec la maison Rothschild, M. de Villèle avait étudié l'histoire des finances d'Angleterre : il savait qu'en pareille circonstance elle avait réduit l'intérêt de la dette, opé-

(1) Les notes de M. de Châteaubriand à M. Canning étaient rédigées de concert avec M. de Villèle.

(2) Au temps des plus larges prospérités de l'Empire (1810-1811), il n'avait pas dépassé 75 fr.

ration simple et légale, économie pour l'État qui permettait de diminuer les charges publiques.

Ce bel essor qu'allait recevoir le crédit fut tout à coup arrêté par une opposition formidable (1) ; et chose étrange, inouïe dans les fastes du gouvernement représentatif, M. de Châteaubriand, ministre des affaires étrangères, sans donner sa démission, vota ostensiblement contre le projet de la conversion proposé par M. de Villèle, évidemment dans le but de le renverser et de prendre la présidence du conseil. Le soir, le ministre opposant reçut une lettre sèche et significative : « M. le vicomte, j'obéis aux ordres du Roi et je vous transmets l'ordonnance ci-jointe. » Comte de Villèle. Cette ordonnance portait. « Le sieur comte de Villèle, président de notre conseil des ministres, et ministre secrétaire d'État au département des finances, est chargé par *interim*, du portefeuille des affaires étrangères, en remplacement du vicomte de Châteaubriand. »

(1) Il y eut une espèce d'émeute de la presse, qui tou entière se prononçait contre la conversion, et M. de Châteaubriand n'osa pas la braver.

La comtesse du Cayla n'approuva pas ces formes brusques, que le Roi considérait comme une application exacte des principes du gouvernement constitutionnel; il n'avait jamais aimé M. de Châteaubriand, dont l'opposition vive et capricieuse avait toujours contrarié la marche de son gouvernement. La comtesse du Cayla répétait qu'on ne pouvait ainsi traiter un grand esprit qui avait rendu de si hauts services à la maison des Bourbons. Louis XVIII répondait : « que la Restauration s'était accomplie par la modération des principes et la franche exécution de la Charte. » Tel était aussi l'avis d'une portion éclairée du faubourg Saint-Germain ; elle ne voulait pas recommencer une nouvelle lutte et s'exposer à d'incessantes agitations. Il fut heureux pour M. de Villèle de conserver l'appui du parti religieux (1); les Jésuites, que l'on a toujours présentés comme des esprits passionnés, repoussaient toutes les opinions extrêmes ; et comme ils avaient trouvé en M. de Villèle un caractère pratique distingué, ils le soutinrent

(1) M. le duc de Doudeauville, M. Sosthènes de La Rochefoucauld, M. Franchet, Delavaux, Raineville, restèrent attachés au parti de M. de Villèle.

de toute leur force. Le sentiment des Jésuites était qu'en imprimant les tendances religieuses les plus parfaites au pays, il fallait développer tous les éléments de prospérité et de grandeur ; ils n'aimaient pas les ardents, les brouillons qui agitent; ils savaient que le temps moderne avait besoin de lumière, de luxe et de bien-être ; leurs colléges étaient les plus avancés en instruction, en science, avec tous les plaisirs honnêtes et mondains : l'escrime, l'équitation, les voyages scientifiques et presqu'un théâtre à la façon d'Athènes et de Rome, pourvu qu'on gardât les lois de respect et de décence.

S'il y avait des dissentiments intimes dans le noble Faubourg, la société y conservait son caractère de haute compagnie ; elle avait des mœurs, des manières, des coutumes dignes et polies, cachet inimitable dont le gentilhomme avait hérité de l'ancien régime ; et cet esprit était si inhérent à ce monde qu'on le retrouvait toujours le même, bien que les hauts gentilshommes appartinssent même à des opinions très-hostiles à la Restauration. Soit hasard, soit calcul, il s'était trouvé durant les troubles civils que les membres d'une même famille servaient souvent des partis tout opposés. Ainsi les La Rochefoucauld (1), les Noailles, les Choiseul, les Ségur, les Montesquiou, les Beauvau comptaient des membres de leur lignée dans des camps très-hostiles, et tous néanmoins conservaient les mêmes formes de distinction, la même politesse de langage.

Cependant les hôtels du Faubourg subissaient l'invasion des parvenus, chaque jour plus accentuée. Après la confiscation des biens de 1792, je l'ai dit déjà, une multitude d'hôtels de la rue de Grenelle, de Varenne, de Saint-Dominique avaient été destinés à des services publics. Sous l'Empire, quelques-uns de ces hôtels furent donnés aux généraux, aux dignitaires, gens braves, illustres assurément, mais qui n'avaient aucune des habitudes élégantes de l'ancien régime. Si la Charte avait proclamé l'égalité des deux noblesses, l'ancienne et la nouvelle, elle ne pouvait créer la similitude des idées et des physionomies : il s'y mêla aussi des banquiers, des fournisseurs : M. Hoppe eut le plus bel hôtel du

(1) Le duc de La Rochefoucauld-Liancourt, chef d'opinion dans le parti libéral, était le seul des La Rochefoucauld d'une figure un peu vulgaire, une espèce de tête à la Mirabeau et à la Danton.

Faubourg. De ce mélange résulta encore d'autres confusions ; l'Empire, par son dédain pour les vieux et purs blasons, n'avait pas accepté pour sa noblesse les titres de marquis et de vicomtes ; il n'y avait pour l'Empereur qu'une hiérarchie réglée : princes, ducs, comtes et barons ; l'ancienne noblesse pouvait donc se parer avec une juste fierté des vieux titres dédaignés par les fils de la démocratie. Après la Restauration, cette distinction disparut, on eut des marquis et des vicomtes d'une origine assurément honorable mais bien roturière : et la nouvelle noblesse ne manqua pas de s'en parer. Au milieu de cette confusion, quelques noms illustres quittèrent le Faubourg ; on se porta surtout vers les Champs-Élysées : l'hôtel Pompadour, si gracieux dans le faubourg Saint-Honoré, avai donné beaucoup d'attrait à ces hôtels à doubles façades, avec beaux jardins sur l'avenue Marigny. Sous Louis XVI, quelques membres de la haute noblesse les avaient préférés ; un peu plus tard, quand fut bâtie la Chaussée-d'Antin, il se fit une nouvelle désertion pour le nouveau quartier, autrefois la demeure des courtisanes à la mode.

Ainsi le faubourg Saint-Germain, cette

puissance qui faisait dire à Napoléon le lendemain d'Austerlitz : « Que pense de moi le faubourg Saint-Germain ? » s'effaçait peu à peu. Sous le prétexte qu'il fallait se mêler aux intérêts modernes, quelques gentilshommes s'étaient jetés dans l'industrie, les forges, les usines : Quand M. de Villèle eut converti la dette, il poussa la haute noblesse à la Bourse ; elle joua sur la rente avec la même passion que M. de Talleyrand sous le système directorial et même sous l'Empire. On voulait imiter l'aristocratie anglaise qui garde au moins pour se maintenir et se perpétuer, l'aînesse, les substitutions et les majorats.

VIII

LES DERNIERS MOMENTS DE LOUIS XVIII. — LA COMTESSE DU CAYLA GARDE-MALADE. — L'AVÉNEMENT DE CHARLES X. — LA PETITE COUR DE LA COMTESSE A SAINT-OUEN. — CHUTE DE LA RESTAURATION. — MADAME DU CAYLA ET M. LE COMTE DE CHAMBORD.

1824 — 1825

Au commencement de 1824, la comtesse du Cayla s'était aperçue des vives souffrances du vieux monarque. Louis XVIII n'était plus l'intarissable conteur d'anecdotes ; assez maître de lui-même pour dissimuler les aigres atteintes du mal (ce qui est une faculté de la bonne compagnie), il gardait ses gronderies pour ses gens, pour son valet de chambre, accoutumé à ses boutades et à ses gros mots, car nous avons toujours un côté par lequel nous tenons à la nature grossière, espèce d'exutoire de nos humeurs mauvaises. Louis XVIII jurait fort ; obligé de faire le roi, il réservait toutes ses colères pour ses gens, comme un gentilhomme anglais pour ses jockeys. Il continuait sa promenade de chaque jour dans sa berline à huit chevaux lancés à toute course, entouré de ses gardes-du-corps haletants. Le Roi trouvait qu'on n'allait jamais assez vite et il s'emportait contre son cocher (1) au corps luxuriant, à travers les flots de poussière de la route de Saint-Cloud, de Vincennes ou de Meudon (2).

A cette dernière époque, la comtesse était devenue comme la garde-malade de l'esprit du Roi, rêveur, assoupi, qui aimait à la voir, à l'entendre, à lui parler même avec sang-froid de ses derniers moments. Il existe une lettre de la comtesse du Cayla adressée au vicomte de La Rochefoucauld sur la mission qu'elle s'était donnée d'apaiser les douleurs, de chasser les tristes idées d'un vieillard qui s'avançait vers la mort avec courage ; le Roi lui parlait du voisinage de Saint-Ouen et de Saint-Denis, du joli pavillon plein d'air et d'ombrage sur la Seine et

(1) C'était l'ancien cocher de Louis XVI ; le Roi répétait : « allons ! allons ! tu me conduis comme dans un fiacre ! »

(2) Tous les débris des gardes-du-corps qui vivent encore se souviennent des courses au clocher de Louis XVIII ; on mettait 15 minutes des Tuileries jusqu'à Vincennes.

du caveau royal qui l'attendait dans la vieille basilique ; la comtesse comprimait ses sanglots et cachait ses yeux remplis de pleurs.

Les partis ne s'épargnaient pas les légendes anacréontiques : à toutes les époques on avait parlé des galanteries de Louis XVIII. En faisant une large part à tout ce que l'imagination perverse peut créer, quand on approchait du royal souffreteux, la calomnie, même la plus déshabillée, ne pouvait voir des guirlandes de roses, là où il n'y avait que des cataplasmes et des synapismes. Le faubourg Saint-Germain comptait sur la comtesse du Cayla pour préparer la transition d'un règne à un autre. M. de Villèle paraissait le ministre le mieux approprié aux nécessités de cette transition, car il était un milieu entre les idées de Monsieur (1) et celles de Louis XVIII. Le président du conseil préparaît silencieusement toutes les mesures nécessaires pour dominer la crise, quand le Roi assoupi n'avait plus que des intervalles de lucidité. Si nous en croyons le froid récit d'une princesse du sang royal qui vint alors aux Tuileries pour

(1) Ce n'était pas exact : depuis 1821, les deux augustes frères étaient parfaitement d'accord.

remplir son devoir, ce fut la comtesse du Cayla qui engagea Louis XVIII à recevoir les sacrements, ce qui fut une négociation longue et difficile. La princesse Adélaïde d'Orléans ne connaissait pas le Roi. Si la philosophie du dix-huitième siècle avait un peu déteint sur son esprit, il gardait un grand respect pour la religion ; il savait qu'un petit-fils de saint Louis devait mourir réconcilié avec Dieu (1). Louis XVIII mourut paisiblement sur letrône (2), après un règne de dix ans, sans que son autorité eût été atteinte : il avait gouverné en véritable monarque anglais, sanctionnant le vœu de la majorité parlementaire, même dans ses excès de fronde libérale ou royaliste.

Prince d'un grand cœur et d'un charme incomparable, Charles X, son successeur, était avide de popularité. Le nouveau Roi aimait la liberté de la presse dans la plus large mesure et à son avénement il donna pleine et entière indépendance aux journaux ; les oppositions n'eurent pas de termes assez vifs, de lyre assez

(1) Le journal de la princesse Adélaïde d'Orléans respire une profonde indifférence en présence des angoisses et des douleurs d'une agonie.

(2) Le roi Louis XVIII mourut le 21 septembre 1824.

harmonieuse pour célébrer le Roi, tout enivré de cet enthousiasme populaire. Les ministres né partageaient pas le noble aveuglement d'un prince qui voulait être aimé. M. de Villèle, avec sa sagacité ordinaire, avait jugé la situation fort difficile. Les journaux une fois libres, le gouvernement devenait impossible dans la ligne qu'il s'était proposée pour la session; 1° la conversion des rentes (1) ; 2° l'indemnité pour les biens confisqués. La conversion des rentes était une mesure de haute économie politique, sur laquelle il n'y a plus d'opposition possible et qui alors en rencontrait une bruyante, formidable.

L'indemnité pour les confiscations révolutionnaires examinée à un point de vue élevé augmentait la valeur des terres, en confondant désormais les origines diverses de la propriété (les biens nationaux perdaient encore une moitié dans les ventes légales). Par l'indemnité, le capital territorial s'accroissait de plus de trois milliards : elle ferait taire tous les scrupules

(1) Aujourd'hui que les idées financières ont tant progressé, on s'étonne de l'opposition que l'idée de M. de Villèle rencontra dans le parti libéral.

des acheteurs sur la légalité de la confiscation. La loi votée fut appliquée avec une impartiale justice : Les acteurs mêmes sanglants de la révolution reçurent l'indemnité comme les plus ardents royalistes.

La fortune du faubourg Saint-Germain s'accrut considérablement, on racheta de belles terres, les châteaux des ancêtres. Beaucoup de gentilshommes se jetèrent dans l'industrie ; les premières actions pour les chemins de fer furent émises par le marquis de Jouffroi : Paris, *port de mer*, fut une idée du prince de Polignac (1). Beaucoup de gentilshommes libéraux, parties prenantes dans l'indemnité, avaient déclamé dans les chambres contre la loi et néanmoins ils se hâtèrent d'en profiter : témoin le marquis de Lafayette, d'Argenson, Thiars (2). L'illusion de Charles X était de croire que de telles mesures pouvaient se voter sous les coups

(1) M. de Polignac avait fait tracer le plan de canalisation de la Seine ; tous les noms considérables du faubourg Saint-Germain étaient dans cette entreprise.

(2) Le duc de Choiseul reçut 1,100,000 fr., le duc de Liancourt 1,400,000 fr., M. de Lafayette 400,000 fr., M. de Thiars 357,000 fr., M. de Lameth 201,696 fr., etc. tous étaient membres avancés de l'opposition.

de la presse libre : les journaux qu'il avait émancipés dévorèrent son règne!

Depuis la mort de Louis XVIII, la comtesse du Cayla ne venait plus aux Tuileries; retirée à Saint-Ouen, don de la munificence royale, comme madame de Maintenon à Saint-Cyr, elle y menait l'existence d'une spirituelle châtelaine entourée de ses amis, aimée de ses deux enfants, un fils et une fille. Le 25 avril 1825, elle maria cette fille chérie au prince de Craon-Beauvau, famille avec laquelle elle était déjà liée par son frère, le vicomte Talon. Dans ce contrat il est parlé du château de Saint-Ouen que la comtesse réservait comme un apanage à son fils, pour qu'il se perpétuât dans sa race : elle avait trop rendu de services au parti royaliste pour que le nouveau Roi l'oubliât; elle conservait ses liaisons avec M. de Villèle, qu'elle avait tant appuyé; M. Sosthènes de La Rochefoucauld, tout en faveur auprès de Charles X, restait son ami au département des beaux-arts. Caractère un peu remuant, nature avide de renommée, le vicomte aspirait à une certaine importance politique : il voulait apaiser, contenir et diriger la presse. Plein de bon vouloir, il s'était fait de fausses idées sur les journaux de parti, en se proposant d'acheter leur propriété et d'avoir ainsi le pied partout. Ce plan pouvait-il se réaliser jusqu'au bout ? La publicité ne dénonce-t-elle pas tous les secrets. M. Sosthènes de La Rochefoucauld eut en même temps la bonne pensée d'assurer, de perpétuer la propriété littéraire. Le premier il en formula l'idée : madame du Cayla s'était associée à ce projet que le faubourg Saint-Germain goûtait fort (1).

M. Sosthènes de La Rochefoucauld aimait les lettres par son goût particulier et par la tradition de famille ; n'avait-il pas, parmi ses ancêtres, l'auteur des *Maximes?* Autour de son département des beaux-arts se groupaient peintres, statuaires, musiciens. Il inspira au roi Charles X le désir de rattacher le maëstro Rossini à la France. Le sacre à Reims fut l'occasion de beaux vers et de généreuses récompenses. Le Roi aimait M. Victor Hugo et il le décora presqu'enfant ; le poëte chéri du faubourg Saint-Germain alors déclamateur pas-

(1) Il y eut un procès presque scandaleux à l'occasion de *La Quotidienne* et de M. Michaud.

(2) Le chef de la division des beaux-arts, M. Jules Maréchal, dirigeait ce projet.

sionné contre la Révolution française, régnait dans les salons de madame de Duras, qui publiait *Ourika* et de madame Récamier, cénacle d'académie. M. de Lamartine était nommé secrétaire d'ambassade à Florence. On créait des baronnies en faveur d'écrivains et de poëtes (1). A cette époque de liberté, de bonheur et de repos général, une distinction particulière était réservée aux lettres. L'honneur ne cédait pas le pas à l'argent.

Personne de plus poli que les hommes politiques de la Restauration. Un ministre était accessible à tous, et chacun pouvait aller même au Roi, gracieux prince qui avait toujours un sourire. On exaltait l'honneur des lettres, comme sous François Ier. Le noble Faubourg voulut se mettre à leur tête, en fondant des conférences dirigées par MM. de Châteaubriand, Bonald et Berryer : Walter Scott avait ses ovations, Rossini excitait l'enthousiasme et on lui rendait Paris plus attrayant que Bologne et Naples (2) non-seulement par des dotations

(1) MM. Guiraud et Soumet.

(2) La liste civile de Charles X fit un sort bien doux à Rossini et nous savons qu'il en garde un bon souvenir : les artistes sont reconnaissants.

d'argent, mais par les nobles manières; ce que les artistes apprécient plus encore.

En même temps que les arts et la littérature prenaient un puissant essor, la diplomatie honorait la France. Aucun gouvernement ne fut plus national à l'extérieur que la Restauration : la diplomatie française avait conquis une attitude très-élevée en Europe ; on recherchait l'alliance, le concours de la France. Elle était intervenue en Grèce, à Constantinople, avec un esprit intelligent et libéral ; on ne se ressentait plus de l'invasion étrangère amenée par les Cent-Jours. Les négociations se poursuivaient avec fermeté et noblesse ; la Russie, l'Angleterre, l'Autriche, sollicitaient son concours dans la question d'Orient. Ce bonheur général se faisait sentir dans les transactions commerciales : le 3 0/0 allait atteindre son pair (1). Cette quiétude des âmes se révélait dans les œuvres de l'esprit; depuis 1825 jusqu'en 1828, des livres de haute valeur historique furent publiés (2),

(1) Le plus bel emprunt réalisé en France fut celui de 1829 : l'emprunt se fit à 4 p. 0/0 au taux de 104 fr. sous le comte Roy.

(2) Les graves travaux historiques de MM. de Barante, Guizot, Villemain, etc.

tandis que les théâtres saluaient la jeune école de MM. Hugo, Alexandre Dumas, Alfred de Vigny : nul ne prévoyait une catastrophe.

L'hommed'État pratique, M. de Villèle, succomba sous une coalition des partis. Le Roi, pour obéir à la loi du gouvernement représentatif, forma le ministère honorable de M. de Martignac, destinéà l'apaisement des âmes. Illusion amère ! le cabinet Martignac ne fut jamais considéré par les opinions extrêmes que comme une transition : il n'avait ni la confiance du Roi, ni le concours des partis ; il donna et concéda toute satisfaction ; quand il eut fait les concessions les plus larges, on lui en demanda d'autres. La royauté effrayée brisa le ministère Martignac avec impatience, j'ai presque dit avec imprudence, pour former un cabinet de résistance politique : il était trop tard. Le ministère du prince de Polignac ne fut point approuvé par le faubourg Saint-Germain ; il dépassait ses idées ; il allait au delà de ses intérêts. M. de Polignac était considéré comme un esprit audacieux et faible à la fois, osant beaucoup, exécutant mal ; néanmoins le faubourg Saint-Germain soutint loyalement M. de Polignac, parce qu'il était ministre du Roi et qu'il défendait avant toute la prérogative (1).

Dans l'état irrité des esprits, la chambre ne tint aucun compte de la conquête d'Alger, de l'attitude de la France en Orient, de la prospérité générale du pays : les partis n'eurent plus qu'une pensée, le renversement de la Restauration. Les uns marchaient très-sincèrement dans cette voie, ils étaient ennemis déclarés de la maison de Bourbon et arrivaient à leur but ; on n'avait rien à leur reprocher. Les autres, tous conservateurs, marchaient en aveugles. Quand la fameuse adresse fut votée, après des élections audacieuses, il fallut recourir aux ordonnances de juillet 1830 : elles furent signées en conscience et après mûres réflexions.

Aujourd'hui que les passions politiques sont apaisées, après tant d'expériences faites, les ordonnances de juillet sont jugées avec plus de justice. Le brillant rapport de M. de Chantelauze était une œuvre de haute raison (2). Le gouvernement était menacé par la licence

(1) J'ai peint dans *les Derniers jours de Trianon* et *Gabrielle de Polignac* le caractère de la famille.

(2) Les principes posés sur les journaux par les ordonnances du 25 juillet 1830, ont été bien dépassés par la législation moderne de 1851.

de la presse, on devait y mettre un frein : la chambre des députés voulait forcer la libre prérogative du souverain ; le pouvoir se défendit par la dissolution. Ce qui manqua aux ordonnances de juillet ce ne fut pas la raison, la légalité, mais une force suffisante pour comprimer les mauvaises passions : la Révolution triompha dans les barricades.

Après la constitution de la monarchie dans la maison d'Orléans, presque tout le faubourg Saint-Germain se retira des affaires. La dynastie qui triomphait n'était pas la sienne ; elle lui était antipathique, sauf à quelques noms compromis depuis 1789. Il y eut refus de serment. La chambre des pairs se constitua sur de nouveaux éléments ; quelques vieux noms seuls de noble gentilhommerie émaillèrent la nouvelle chambre des pairs (1), formée avec les illustrations de l'Empire et du gouvernement représentatif. Une partie du faubourg Saint-Germain opposant se jeta dans les conspirations légitimistes : c'était un tort, les conspirations sont un crime et une faute ; l'autre se contenta de s'abstenir

(1) On continua à porter sur le livre de la pairie les anciens pairs de 1814 et 1818 : Les Duras, La Trémouille, Valentinois, Montmorency. Beaucoup ne siégèrent pas.

dans le mouvement politique : bouder fut toujours la grande force du faubourg Saint-Germain ; le mécontentement des hautes classes a sa puissance, l'absence de la bonne compagnie fait vide ; les coups d'éventail ont quelquefois plus de force que les coups de canons ; l'artillerie des petites langues, bien aiguisées et spirituelles, fait bien du ravage dans les rangs des dévoués.

La comtesse du Cayla suivit l'impulsion du Faubourg ; elle avait trop d'esprit pour ne pas comprendre que son rôle était fini. Elle fit quelques voyages en Angleterre, se retira un moment à Venise ; pour elle Henri V fut le Roi, le seul légitime ; elle le proclamait haut, avec une incomparable ardeur ; elle continuait une correspondance politique avec le vicomte de La Rochefoucauld, fort avant dans les entreprises du parti royaliste et qui jugeait avec des préventions un peu naïves le mouvement des affaires : quel est l'homme de parti qui ne médit du pouvoir existant? Dans sa correspondance, M. Sosthènes de La Rochefoucauld passe l'Europe en revue en de longues lettres d'une sincérité prétentieuse; il prend ses illusions pour des espérances et ses espérances pour des réalités. On sourit un peu à sa politique, à ses idées sur le mouvement des affaires ; il se passionne, il déclame ; trop souvent il oublie que s'il est honorable de rester attaché à un principe qu'on a servi et aimé, on doit respect et justice au pouvoir qui gouverne et protége la société.

Le vicomte Talon, après s'être bravement conduit dans les journées de 1830 à la tête d'une brigade de la garde, donna sa démission et vécut au milieu de sa famille heureuse et si bien élevée ; Mme du Cayla, à Saint-Ouen ou à Paris, vécut en grande dame un peu embarassée de procès et d'affaires, ne négligeant aucun de ses vieux amis. Elle les conservait tous autour d'elle, causant quelquefois encore de la Restauration et de ce Roi spirituel, à l'âme élevée, l'auteur de la Charte, dont le portrait, peint par Gérard, brillait dans les appartements de Saint-Ouen. Elle vit, dans cette solitude, les événements de 1848.

Cette révolution, tout en effrayant les intérêts, ne fut pas accueillie par le faubourg Saint-Germain avec la répugnance personnelle qui avait repoussé la monarchie de Louis-Philippe ; le principe du suffrage universel était une vieille idée légitimiste, fort caressée par un journal rédigé avec talent : *La Gazette de France*. En 1848, on l'accepta pour repousser la régence de la duchesse d'Orléans, et deux députés légitimistes, au milieu de la chambre émue, demandèrent un gouvernement provisoire. Dès que la République s'organisa, le faubourg Saint-Germain accepta très-sérieusement le gouvernement du suffrage universel, avec la conviction, un peu erronée, que la vieille dynastie pourrait être restaurée par ce moyen : ne savait-il pas qu'avec l'éducation faite aux masses en France, les mauvaises histoires, cet orgueil de révolution et du drapeau, il n'y avait plus de place pour les principes traditionnels ? Ceux-là qui croyaient la restauration possible avec le suffrage universel ne connaissaient pas la génération qui s'élevait sous l'empreinte des plus tristes préventions historiques sur l'ancien régime et la maison de Bourbon ; on avait si peu de justice pour leur gouvernement, si peu de respect pour leur malheur !

La comtesse du Cayla, fidèle à ses souvenirs, fut fortement éprouvée par la mort de son jeune fils, l'héritier désigné de Saint-Ouen. Dans son testament, signé le 12 janvier 1850, avec son ardente foi pour le principe de la légitimité, elle offrit Saint-Ouen au comte de Chambord, qu'elle appelait le Roi de France, comme les vieilles châtelaines nommaient ainsi le pauvre roi de Bourges Charles VII, faisant servir sur sa table une queue de mouton à Xaintrailles et à Dunois, sous l'ombre de l'oriflamme levée par Jeanne d'Arc(1) : «j'offre Saint-Ouen à Henri V, avec mes hommages et mon respectueux dévouement. Si Sa Majesté refusait, donnez-le à la ville de Paris, avec la condition de le consacrer au souvenir du roi Louis XVIII de noble et sage, autant que de grande mémoire. J'ai bien eu à souffrir pour le conserver, ainsi que j'en ai pris l'engagement vis-à-vis de Sa Majesté : mais il y a force majeure pour qu'après moi je ne puisse diriger le sort de Saint-Ouen, que si je gagne le procès des *Marais*, qui m'occupe en ce moment : j'ai oublié de vous dire de remettre au Roi, *à mon Roi*, la clé du château de Pau, seul bijou qui eût du prix aux yeux du roi Louis XVIII, et qui me l'a donnée dans une circonstance bien honorable pour moi. »

La comtesse du Cayla mourut le 27 avril 1852,

(1) Voyez mes récits sur *Agnès Sorel*.

conservant un culte profond pour la maison de Bourbon ; elle avait voulu restituer au comte de Chambord le château qu'elle avait reçu de Louis XVIII comme un monument de famille. Le prince refusa, par une remarquable lettre. Alors, en vertu du testament de la comtesse, la ville de Paris revendiqua le château, et un procès solennel s'engagea. Saint-Ouen est resté à la princesse de Craon. Château historique, berceau du gouvernement parlementaire : aujourd'hui encore on y voit un tableau représentant le monarque signant la déclaration de Saint-Ouen, le gage le plus honnête, le plus libéral donné à la nation.

Après les événements accomplis depuis 1814, on se demande si ce ne fut pas une faute que d'avoir ouvert la main si large aux libertés publiques après une difficile restauration. Notre nation aime moins la liberté que l'égalité, elle supporte mieux un pouvoir absolu qu'une autorité faible. La Révolution avait créé une nécessité de dictature ; la liberté de la presse et de la tribune ne fut pour les partis qu'un moyen de détruire le pouvoir. Le roi Louis XVIII devait fièrement engager la lutte, et après les Cent-Jours en 1815, la cause royaliste, appuyée sur la province, aurait pu rester victorieuse : c'était une chance ; et puisque la dynastie de Henri IV était destinée à tomber, la royauté devait essayer une politique à la Louis XIV après la Fronde : une nation supporte bien qu'on la gouverne, elle ne peut souffrir qu'on la taquine ; elle subit le frein, elle ne veut pas qu'on l'éperonne à coups d'épingle. Le roi Louis XVIII donna la paix, la prospérité, le crédit ; à ces bienfaits, les libéraux auraient préféré un petit bout de ruban tricolore, une certaine complicité avec les idées et les intérêts de la Révolution.

LE LIVRE D'OR

DU FAUBOURG SAINT-GERMAIN

La noblesse française est morte avec l'ancienne monarchie ou, pour mieux dire, elle s'est suicidée dans la nuit du 4 août 1789, où follement elle abdiqua ses titres. Il fut triste de voir les Montmorency, les La Rochefoucauld, les Narbonne, Clermont-Tonnerre, Talleyrand, les Noailles, les Biron, etc., renier leurs ancêtres et briser les pièces de leurs vieilles armures. Aujourd'hui on crée des titres, on ne fait pas de gentilshommes, souvenir perdu avec nos épopées du moyen âge. Notre époque est pleine de contradictions! La génération, on le dit au moins, est passionnée pour l'égalité. Et pourtant, dès qu'on le peut, avec ou sans droit, on ajoute une particule à son nom, une armoirie sur sa carte de visite, on étale sur ses meubles, sur la robe de son petit levrier, sur sa voiture, d'étranges blasons à faire frissonner tout savant dans l'art héraldique : que d'hérésie moderne sur chaque pièce de l'écu féodal?

Nous avons cru que ce livre sur l'origine du faubourg Saint-Germain serait incomplet, si nous ne donnions pas les noms des hautes familles nobiliaires du vieux règne : il ne faut pas que la science héraldique, cette belle et illustre étude, s'égare dans de fausses notions; il ne faut pas que le faucon fasse son nid dans les habitations badigeonnées, qui ont remplacé les vieilles tours de la Croisade : il ne faut pas que la merlette, pauvre oiseau sans bec ni pattes, image des pèlerins, vienne se placer sur des émaux de fantaisie. Nous allons évoquer les vieux souvenirs, raconter l'origine des plus illustres familles du faubourg Saint-Germain : beaucoup sont éteintes, d'autres ne vivent plus que par des alliances; quelques-unes ont vu leur nom usurpé; beaucoup ont oublié leur devoir envers l'écu aux fleurs de lys, ou se sont mésalliées pour de misérables richesses. Qui peut encore pousser un cri d'armes, lorsque *Mont-joie-Saint-Denis* ne retentit plus dans les batailles ? Il faut se faire à son temps, accepter les changements accomplis, obéir aux lois nouvelles, aux conditions de la société moderne : c'était pourtant une belle chose que la vieille noblesse si profondément mêlée à notre histoire !

Nous donnerons le nom des familles par ordre alphabétique, pour ne pas décider les questions de préséance.

Agoult (vicomte d'), originaire de la Viguerie d'Apt; titre du xie siècle. Cette maison a donné des grands chambellans de Bourgogne, de Naples et de Sicile, elle a eu douze fois la charge de grand sénéchal de Provence.

D'or, au loup ravissant d'azur, lampassé et armé de gueules. Couronne de prince sur l'écu. Devise : *Avidus committerre pugnam.*

Albert de Luynes, duc de Chevreuse : petite origine de gentilshommes du Comtat Venaissin : doit tout à Louis XIII et aux confiscations sur le maréchal d'Ancre : trois duchés-pairies. *Chevreuse* érigé en 1611; *Luyne* érigé en 1619; *Chaulnes* érigé en 1621. Elle a eu un connétable, deux maréchaux de France deux fauconniers : plusieurs colliers des Ordres du Roi.

Ecartelé aux 1 et 4 d'or, au lion couronné de gueules qui est d'Albert.

AUMONT (duc d') VILLEQUIER, Picardie, ducs de PIENNES. Premier titre XIIe siècle; un porte oriflamme de France sous Charles VI, et deux maréchaux.

D'argent au chevron de gueules, accompagné de sept merlettes du même, 4 en chef et 3 en point, mal ordonnés

BASCHI (de) comte DU CAYLA : d'origine italienne des Farnèse : premier titre en Toscane XIIe siècle, en France XIVe siècle, officier de la maison de Condé.

Sur le tout d'argent à la fasce de sable, qui est de Baschi. Couronne de marquis posée sur l'écu. Tenants : deux bacchantes. Cimier : une aigle issante, couronnée d'une couronne fermée et croisetée. Légende : *Potius mori quam fœdari.*

BAUFFREMONT (de la Haute-Lorraine), Xe siècle cinq présidents de la noblesse aux Etats généraux, quatre colliers de l'Ordre de la Toison d'or et cinq des Ordres du Roi.

Vairé d'or et de gueules. Couronne de prince. Tenants : deux anges. Légende : *Plus de deuil que de joye.*

BEAUMONT D'AUTICHAMP (Dauphiné). Le célèbre baron des ADRETS appartenait à cette famille.

De gueules à la fasce d'argent chargée de 3 fleurs de lys d'azur. Couronne de marquis. Devise : *Impavidum ferient ruinæ.*

BEAUPOIL, SAINT-AULAIRE, du Limousin, XIIIe siècle, race de vaillance et d'esprit. — Maison du Roi, puis attaché à la duchesse du Maine.

De gueules, à trois accouples de chiens d'argent, posées en pal, les liens d'azur, tournés en fasces. Couronne de marquis. Tenants : deux sauvages.

BEAUVAU (race), de la province d'Anjou, XIIIe siècle. Sénéchaux du roi RENÉ. Ils ont formé une branche de Lorraine, XVe siècle; créé prince de CRAON par l'empereur Charles VI. Un maréchal gouverneur de Provence.

BEAUVILLIERS SAINT-AIGNAN (du pays Chartrain), XIe siècle; maison ducale, grands officiers de la couronne, attachés aux enfants de France, sous Louis XIV.

Fascé d'argent et de sinople; les fasces d'argent chargées de six merlettes de gueules, 3, 2 et 1. Couronne de

10

duc. Supports : deux signes essorants. Devise : *In tut del cuore.*

Berenger, des marquis de **Sassenage**, origine d la seconde baronnie du Dauphiné : xe siècle (1)

Gironné d'or et de gueules de huit pièces. Couronne d marquis. Supports et cimier : trois lions.

Bésiade, duc d'**Avaray**, Béarn, puis fixé dan l'Orléanais, xiiie siècle : mêlée par mariage à la maison de Mailly.

D'azur à la fasce d'or, chargée de deux étoiles de gueule et accompagnée en pointe d'une coquille d'or, à l'écusso de France, brochant sur sa fasce, supports : deux lions. Devise : *Vicit iter durum pietas.*

Bethisy (de Picardie), xie siècle : six lieutenants généraux.

D'azur, fretté d'or. Supports : deux lions, ayant chacun un casque sur la tête, sommé d'un pélican qui se perce le sein. Couronne de marquis. Devise : *Et virtus et sanguis.*

Boisgelin (de Bretagne), premier titre xiie siècle.

Ecartelé au 1 et 4 de gueules à la molette d'éperon d'argent à 5 rais; aux 2 et 3 d'azur plein; timbré de la couronne de marquis. Supports : deux lions. Devise : *In virtute vis.*

(1) Ne pas confondre avec le conseiller d'Etat *Berenger*, comte de l'Empire.

BRANCAS duc de CÉRESTE et de LAURAGAIS. Origine italienne du royaume de Naples XIIIe siècle, puis en Provence : a donné sept cardinaux, un maréchal, et un amiral de France.

D'azur au pal d'argent chargé de trois tours de gueules et accosté de 4 jambes de lions d'or affrontées en bandes et en barres et mouvantes des flancs de l'écu.

BROGLIE, prince du *Saint-Empire et de Revel* Piémont (Quiers), premier titre XIIIe siècle : des maréchaux, chevaliers des Ordres.

D'or au sautoir ancré d'azur. Couronne princière sur l'écu. Supports : deux lions, ayant leurs queues fourchées et leurs têtes contournées. Cimier : un cygne d'argent portant sur sa poitrine le sautoir ancré d'azur, orné d'une banderole de gueules.

CAMBOUT, marquis de COISLIN, Bretagne XIIe siècle; a donné des chevaliers bannerets, des échansons des ducs de Bretagne.

De gueules, à 3 fasces échiquetées d'azur et d'argent de deux tires.

CASTELLANE (de Provence). Qualifiés de *sires* et de *princes* dans les chartes du Xe siècle ; cent chevaliers de l'Ordre de Malte, gouverneurs de Provence, viguier de Marseille, race provençale.

De gueules à la tour, sommée de trois tourelles du même, celle du milieu supérieure. Couronne de prince.

CAUMONT, duc de LA FORCE (Rodez), XIe siècle. Deux branches. La première branche ducale est éteinte. Maréchaux et gouverneurs de province.

D'azur, à trois léopards d'or l'un sur l'autre, lampassés, armés et couronnés de gueules. Cri : *Ferme La Force.*

CHABANNES, de la province du Limousin, XIIe siècle, fort illustre sous Charles VII et Louis XI.

De gueules, au lion d'hermine, lampassé, armé et couronné d'or. Couronne de marquis. Supports : deux lévriers.

CHAPT, marquis de RASTIGNAC, Limousin. Branche de la maison des *sires* de CHABANAIS. Premier titre XIVe siècle. La branche aînée est éteinte.

D'azur au lion d'argent lampassé armé et couronné d'or. Couronne de marquis. Supports : deux lions.

CHASTRE (duc de LA) (du Berry) Xe siècle : deux maréchaux, deux grands fauconniers de France, des chevaliers de l'Ordre.

De gueules, à la croix ancrée de vair. Supports : deux lions. Couronne de prince sur l'écu et ducale sur le manteau. Cimier : Le lion royal d'Angleterre qui est d'or ayant le poitrail ceint d'une couronne de laurier de sinople. Devise : *Atavis et armis.*

CHATEAUBRIAND (de Bretagne), premier titre xe siècle : grands vassaux des ducs avant la réunion à la France.

De gueules, semés de fleurs de lys d'or. L'écu timbré d'une couronne de comte. Couronne de vicomte sur le manteau.

CHOISEUL : *Praslin*, *Gouffier*, *Stainville*, *d'Aillecourt* (de Lorraine), xie siècle : quatre maréchaux de France, des ambassadeurs et ministres du Roi.

D'azur à la croix d'or, cantonné de 20 billettes du même et chargée en cœur d'une croix ancrée de gueules.

CLERC (LE) marquis de JUIGNÉ (de la province d'Anjou et du Maine), premier titre xive siècle.

D'argent à la croix de gueules bordée d'une engrelure de sable et cantonnée de quatre aiglettes du même, béquetées et armées de gueules. Cimier : un coq essorant. Devise : *Ad alta.* Cri : *Battons et abattons.*

CLERMONT-GALLERANDE, (de la province d'Anjou

et de Champagne) : premier titre XIe siècle : à donné neuf chevaliers des Ordres du Roi.

D'azur, à trois chevrons d'or, le premier brisé. Supports : deux lions.

CLERMONT-TONNERRE, XIe siècle : premier pair du Dauphiné, un connétable, un grand maître de l'Ordre de Malte, maison dévouée aux Papes.

De gueules à deux clefs d'argent passées en sautoir. Couronne de duc sur l'écu. Cri de guerre : *Clermont !* Supports : deux lions. Cimier : un saint Pierre, tenant deux clefs en sautoir dans la mains. Devise : *Si omnes ego non.* Une couronne ducale surmontée d'une tiare.

COLBERT. Prétention à une haute noblesse d'Ecosse ; lettres-patentes de Jacques II qui la confirment, aucune généalogie, petite origine française (1). Le père de Jean-Baptiste *Colbert*, était seigneur de *Vandierre* : Branches des Colbert : *Croissy*, *Seignelay*, d'*Estouville*, *Torcy*.

(1) On trouve ce couplet dans un mémoire du temps :

Colbert prend dans l'Ecosse
Des titres de Chevalier,
Car les livres de négoce
Ne donnent pas le collier.

CONTADES (du Béarn et d'Anjou), premier titre royal XVIe siècle : un maréchal de France, chevalier des Ordres, race antique dans sa province.

D'or, à l'aigle au vol abaissé d'azur, becquée, languée et armée de gueules. Couronne de comte. Supports : deux lions.

COSSÉ duc de BRISSAC (au diocèse du Mans), XIIe siècle : quatre maréchaux, six chevaliers des Ordres, un grand maître de l'artillerie et des gouverneurs de Paris, dix grands panetiers et quatre grands fauconniers de France.

De sable, à 3 fasces d'or, denchées à la partie inférieure. Supports : deux aigles supportés par un nuage. Devise : *Virtute, tempore.*

COUCY, (de la province du Soissonais. La tour de Coucy en ruine) premier titre Xe siècle : maison éteinte dans les mâles. Alix Enguerande de Coucy, le dernier rejeton, a épousé le comte de Clermont Mont-Saint-Jean. Le dernier mâle de Coucy, archevêque de Reims, est mort en 1824. Légende :

Je ne suis roi, ni duc, prince ni comte aussy,
Je suis le sire de Coucy.

Fasce de vair et de gueules. Support : deux lions d'or Cimier : un lion issant de même.

COURTARVEL-PEZÉ (de la province du Maine). XIIIe siècle : trois chevaliers des Ordres, officiers de la maison du Roi.

D'azur, au sautoir d'or, cantonné de 16 losanges du même, rangées quatre en chef, 3 et 1, en chaque flanc et quatre en pointe, 1 et 3. Couronne de marquis sur l'écu.

CROIX duc de CASTRIES, XVe siècle (du Languedoc), un maréchal de France et deux chevaliers des Ordres.

D'azur, à la croix d'or. Supports : deux licornes. Devise : *Fidèle à son Roi et à l'honneur* ; huit drapeaux blancs sont passés en sautoir derrière le manteau.

CROY duc d'*Havré* et de *Croy Solre* (du Hainaut), issue des anciens Rois de Hongrie au XVe siècle, confirmé par des diplômes des Empereurs d'Allemagne : a donné un grand bouteiller de France, un grand maître, un grand chambellan héréditaire, un premier ministre de Charles-Quint, sept chevaliers de la Toison-d'Or et des capitaines de garde-du-corps dans la maison du Roi.

Écartelé au premier; contre-écartelé, au 1 et 4 de gueules à 10 losanges d'argent, 3, 3, 3 et 1.

CRUSSOL, duc d'UZÈS, premier pair laïc de France (du Languedoc), titre XIIe siècle : trois grands panetiers de France, et sept chevaliers des Ordres. Louis XVIII l'avait placé en tête de liste des ducs et pairs en 1814.

Ecartelé, aux 1 et 4 partis de Crussol, qui est fascé d'or et de sinople.

DAMAS-CRUZ, de la province de Forez ; premier titre XIe siècle : chevaliers des Ordres, des chambellans, commandeurs de l'Ordre de Malte, des officiers de la maison du Roi.

D'or à la croix ancrée de gueules. Couronne ducale. Tenants : deux sauvages. Devise : *Et fortis, et fidelis.*

DURFORT duc de DURAS, (de Guienne) au XIe siecle : un sénéchal de Guienne, deux chevaliers de l'Ordre de la Jarretière, cinq chevaliers des Ordres, trois maréchaux de France.

Ecartelé, aux 1 et 4 d'argent, à la bande d'azur. Couronne ducale sur l'écu.

FARE (LA) (du diocèse d'Alais), premier titre XIIe siècle : a donné un maréchal de France, chevalier des Ordres et de la Toison-d'Or.

D'azur, à trois flambeaux rangés d'or, allumés de gueules.

Couronne de marquis. Supports : deux lions, ayant leurs têtes contournées. Devise : *Lux nostris hostibus ignis.*

FAY de la TOUR-MAUBOURG (du diocèse du Puy), premier titre XIe siècle : dix commandeurs de l'Ordre de Malte, un grand prieur, un grand bailli, un maréchal de France.

De gueules, à la bande d'or, chargée d'une fouine d'azur. Couronne de marquis. Supports : deux lions.

FAYETTE (de LA) MOTTIER (de la province d'Auvergne), des sénéchaux du duc de Bourbon, XIIe siècle, ont donné des maréchaux de France (1).

FITZ-JAMES. Le sang royal des STUART.

Ecartelé aux 1 et 4 contre-écartelé de *France* et d'*Angleterre*, aux 2 d'*Ecosse*, aux 3 d'*Irlande;* les grande écartelures environnées d'une bordure componée d'azur et de gueules de 16 pièces; chaque compon d'azur chargé d'une fleur de lis d'or et chaque compon de gueules chargé d'un léopard d'or. Supports : à dextre une licorne, à senestre un griffon, ayant leurs têtes contournées : Devise 1689 *semper et ubique fidelis.*

(1) M. de Lafayette a joué un rôle public assez étrange contre la noblesse antique; il avait épousé une Noailles. Nous ne mettrons pas ses armoiries : il les a lui-même brisées.

FRANQUETOT de COIGNY (Bretagne), XIVe siècle : deux maréchaux de France, officiers de la maison du Roi.

De gueules à la face d'or, chargée de trois étoiles d'azur et accompagnée de trois étoiles du second émail. Supports : 14 drapeaux passés en sautoir derrière l'écu.

GLANDEVÈS (de Provence), XIIIe siècle : soixante chevaliers de l'Ordre de Malte, commandeurs et baillis. Viguerie de Marseille.

Fascé d'or et de gueules.

GONTAUT, *Biron* (de la sénéchaussée d'Agenais), charte du Xe siècle : quatre maréchaux de France, un amiral et six chevaliers des Ordres.

L'écu en bannière écartelé d'or et de gueules, sommé d'une couronne ducale, et environné du manteau de pair. Supports : deux griffons. Devise : *Perit sed in armis.*

GRAMONT (*de Agramonte*), comté de Bigorre, au Xe siècle : Menaud d'*Aure*, vicomte de *Aster*, épousa l'héritière en 1525 et prit le titre de Gramont, deux maréchaux, un vice-roi de la Navarre, six chevaliers des Ordres et un de la Toison-d'Or.

Ecartelé au 1 d'or, au lion d'azur, qui est de l'ancienne maison de Gramont.

GRIMALDI VALENTINOIS, prince de MONACO (origine de Gènes), premier titre xe siècle : attesté par une charte de 980. La maison de Goyon-Matignon, d'origine bretonne, a hérité du *nom et armes* de la seconde branche princière de Grimaldi-Monaco.

Fuselé d'argent et de gueules. Couronne de prince sur l'écu et couronne de duc sur le manteau. Tenants : deux moines armés chacun d'une épée levée. Devise : *Deo juvante.*

GUICHE (de), du diocèse d'Autun, XIIIe siècle : a donné trois chevaliers des Ordres, un grand maître de l'artillerie, un maréchal de France.

De sinople, au sautoir d'or. Couronne ducale sur l'écu, surmontée d'une pomme de pin en cimier. Couronne de marquis sur le manteau. Supports : deux lions. Devise : *Au plus haut.*

HARCOURT (d') (Normandie), grande race dont le premier titre est du IXe siècle : quatre maréchaux, un amiral, un grand-queux, six chevaliers et commandeurs des Ordres, un chevalier de la Toison-d'Or.

De gueules à deux fasces d'or; écu d'azur, à la fleur de lys d'or, brochant sur les fasces.

KERGORLAY (Bretagne), premier titre XIIIe siècle.

Vairé d'or et de gueules. Devise : *Ayde-toy, Kergorlay, et Dieu t'aydera.* Couronne de comte sur l'écu, et couronne de baron sur le manteau.

LAMOIGNON (du Parisis), premier titre XVe siècle : *Malsherbes*, magistrature.

Losange d'argent et de sable, au franc canton d'hermine, un écusson d'azur à la fleur de lys d'or, placé au centre de l'écu. Supports : deux cerfs.

LAROCHEFOUCAULD. Hauts barons du Poitou et de la Guyenne, se disent issus de la maison de Partenay et de Lusignan. La baronie de Larochefoucauld, *Ruper Fulcaldi*, était en Angoumois. Le premier était Foulcauld, seigneur de la Roche (980). — Branche : *Marcillac*, *Liancourt*, *Roche-Guyon*, *de Roye-Randan*, *Langeac*, *Doudeauville*, *Surgère*.

Burelé d'argent et d'azur, à trois chevrons de gueules. Couronne ducale sur l'écu et le manteau. Supports : deux sauvages. Cimier : une mélusine. Devise : *C'est mon plaisir.*

LEVIS (du Parisis), barons au XIIe siècle, titre héréditaire de *maréchaux de la Foi :* a donné six maréchaux de France et six chevaliers des Ordres (1).

D'or, à trois chevrons de sable. Supports : deux lions. Devise : *Ayde Dieu, au second chrétien Levis.*

LORRAINE (Maison de), illustre dès le VIIIe siècle : a donné des empereurs d'Allemagne, ducs d'Autriche. Les *Guise*, les *Joyeuse*, *Aumale*, *Elbœuf*, *Brionne*, *Lambesc*, *Vaudemont* et *Marsan*.

Un lambel de gueules brochant sur les quatre premiers quartiers, sur le tout d'or ; à la bande de gueules chargée de 3 alerions d'argent. Couronne de prince sur l'écu et couronne ducale sur le manteau.

LUSIGNAN, sires de Lusignan et de Parthenay, comte de la Marche, d'Angoulême, de Pembrocke en Angleterre, rois de Jérusalem et de Chypre. Hugues Ier, Xe siècle ; Hugues II fit bâtir le château de Lusignan, *Liciniacum castrum*. La branche originaire éteinte.

Burelé d'argent et d'azur.

(1) On racontait une anecdote sur les Levis : ils se disaient descendants de la tribu de Lévi. On parlait d'un vieux tableau ou un Levis était debout devant la sainte Vierge qui lui disait : *Couvrez-vous, mon cousin.*

LUZERNE (LA) (Normandie), premier titre XIe siècle : des cardinaux et des maréchaux.

D'azur, à la croix ancrée d'or, chargée de 5 coquilles de gueules.

MAILLÉ (Touraine), premier titre XIe siècle : a donné deux archevêques de Tours, deux sénéchaux du Poitou et de Saintonge, plusieurs chevaliers des Ordres.

D'or, à 3 faces nébulées de gueules.

MAILLY (Picardie), XIe siècle : un grand panetier de France, trois chevaliers bannerets, un régent de France, un grand prieur, un maréchal et dix chevaliers des Ordres.

D'or à 3 maillets de sinoples. Supports : deux lions. Devise : *Hogne qui vonra.* L'écu timbré d'une couronne dont les fleurons sont entremêlés de fleurs de lys. La couronne de comte surmonte le manteau.

MARTIN du TYRAC, comte de MARCELLUS, du Béarn, premier titre XIVe siècle.

D'azur, à la tour d'argent donjonnée à dextre d'une tourelle du même, le tout maçonné de sable. Couronne de comte sur l'écu et couronne de baron sur le manteau.

MATHAN (Normandie), premier titre XIe siècle.

Parti, au 1 de gueules, a deux jumelles d'or, la première sommée d'un lion, léopardé du même; au 2 d'azur, à cinq fleurs de lys d'or. Cimier : une tête d'homme sauvage posé de front. Devise : *Au feal rien ne folt.* Cri de guerre : *Mathan.*

MESNARD (Poitou), XIe siècle.

D'argent, fretté d'azur. L'écu timbré d'une couronne de comte. Supports : deux lions. Cimier : un cerf passant d'or. Devise : *Pro Deo et Rege.* Couronne de baron sur le manteau.

MONTESQUIOU, FEZENSAC (de la Guienne) : premier titre Ve siècle, contesté. Les d'*Artagnan*, étaient une des branches des Montesquiou, éteinte au XVIe siècle. Anne l'héritière, transmit le nom à Fabien de *Montluc*, qu'elle avait épousé le 9 janvier 1670.

Parti, au 1 de gueules plein; qui est d'Albret; au 2 d'or, a deux tourteaux de gueules en pal, qui est de Montesquiou. Couronne princière sur l'écu et couronne de duc sur le manteau.

MONTMORENCY (nom originaire *Buchardus*), branches *Danville, Tancarville, Luxembourg, Beaumont, Laval,* premiers barons chrétien. Titre mérovingien, contesté : titre réel xe siècle : a donné six connétables de France et un d'Angleterre ; deux grands sénéchaux ; dix maréchaux, quatre amiraux, douze cordons des Ordres, sept de la Toison-d'Or. Branche aînée éteinte ; biens confisqués, alliance avec les *Condé*. Les barons de *Fosseux* branche ducale actuelle de Montmorency. Revendication du nom des Montmorency par un Talleyrand. Pour les gentilshommes, chacun reste avec ses armes et son nom.

D'or à la croix de gueules, cantonnée de 16 alérions d'azur ; l'écu timbré d'une couronne princière fermée. Tenants : deux anges, portant chacun une palme. Devise : *Dieu ayde au premier baron chrétien.* L'écu environné du manteau, sommé de la couronne de duc.

NARBONNE (Languedoc), xe siècle : descendant de la première maison de *Narbonne* au VIIIe siècle, vassaux des comtes de Toulouse, éteinte. *Narbone Lara*, *Firmacon.*

Primitive armoirie de gueule plein, couronne de vicomte.

NOAILLES, *Poix*, *Mouchy* (du Limousin) (sénéchaussée de Brives), premier titre XIe siècle ; alliance avec les d'Aubigné-Maintenon très-grandie par Louis XIV.

De gueules à la bande d'or. Couronne de prince sur l'écu et couronne de duc sur le manteau. Supports : deux lions.

OSMOND (Normandie), premier titre XIe siècle.

De gueules au vol d'hermine. Supports : deux licornes. Cimier : un hibou. Devise : *Nihil obstat.*

PELLETIER (LE) marquis de *Rosambo*, *Saint-Fargeau* (du Maine), premier titre XVIe siècle : origine de magistrature (1).

D'azur à la croix potée d'argent, chargée au centre d'un chevron de gueules qu'accompagnent sur la traverse de la croix, deux molettes d'éperon de sable et sur le pied une rose de gueules, boutonnées d'or. Couronne de marquis sur l'écu et couronne de vicomte sur le manteau.

PERUSSE comte d'ESCARS (La Marche), XIe siècle : officiers de la maison du Roi.

De gueules au pal de vair. Tenants : deux sauvages appuyés sur leurs massues. Cimier : un dextrochère tenant une épée. Légende : *Sic per usum fulget.* Devise : *Fais que dois, advienne que pourra.*

PIERRE comte de BERNIS (du Languedoc), pre-

(1) Triste souvenir pour le Blason : un Le Pelletie régicide!

mier titre XIe siècle; un cardinal, diplomate et ministre.

D'azur, à la bande d'or, accompagnée en chef d'un lion du même, lampassé et armé de gueules. Couronne de marquis. Cimier : un lion issant tenant une épée. Devise : *armé pour le Roi.*

POLIGNAC, à l'origine vicomtes de Polignac (dans le diocèse de Velay), IXe siècle. La maison de *Chalençon* forma pendant quatre cents ans la seconde race des vicomtes de Polignac, qui s'est éteinte au XIVe siècle, elle prit alors le titre de Chalençon, vicomte de Polignac : sa grande renommée vint de Louis XVI (1).

Fascé d'argent et de gueules. Couronne de prince sur l'écu et couronne de comte sur le manteau. Supports : deux griffons. Devise : *Sacer custos pacis.*

PREISSAC duc d'ESCLIGNAC (de Gascogne), premier titre XIe siècle.

D'argent, au lion de gueules. Supports : deux lions.

QUELEN, de STUER, de CAUSSADE, duc de LA

(1) Voir mon livre sur *Trianon.*

VAUGUYON (de Bretagne), premier titre XIe siècle.

Sur le tout d'argent, à 3 feuilles de houx de sinople qui est de Quelen. Couronne de prince sur l'écu, et couronne ducale sur le manteau. Devise : *Avize, Avize.*

ROBERT, marquis de LIGNERAC, duc de CAYLUS, de la province (du Limousin), premier titre XIIIe siècle ; a donné un cardinal et des gouverneurs.

Un écusson d'argent, à 3 pals d'azur, qui est de Robert ; cet écu placé dans un autre d'azur chargé de trois étoiles à 6 rais d'or et ayant une clef du même qui est de Tubières de Caylus. Supports : deux lions. Devise : *Dum spiro, spero.*

ROCHE-AYMOND (LA) (d'Auvergne), premier titre XIe siècle.

De sable, semé d'étoiles d'or, au lion du même, lampassé et armé de gueules brochant sur le tout. Supports : deux licornes.

ROCHECHOUART, duc de MORTEMART, issu des comtes de Limoges, premier titre Xe siècle : branches de *Rochechouart*, *Chabanais*, *Tonnais-Charente*. La seconde race des vicomtes de Rochechouart existait encore avant la

Révolution. Le duc de Mortemart en est le rameau le plus rapproché, madame de Montespan, était une Mortemart. La branche ducale de Tonnais-Charente est éteinte depuis 1743.

Fascé, nébulé d'argent et de gueules. Couronne de prince sur l'écu, et couronne ducale sur le manteau. Supports : deux griffons de sable, colletés chacun d'un collier de gueules, bordé d'argent. Devise : *Ante mare undæ.*

Rohan-Guemenée, duc de Montbazon et de Bouillon, Rohan-Rohan, Rohan-Rochefort, Rohan-Chabot, prince de *Léon*, duc de *Roquelaure* (de Bretagne), premier titre XIe siècle. Cette illustre maison a tenu toutes les dignités ; elle se prétendait souveraine de la Bretagne ; ce que Saint-Simon conteste.

Ecartelé au 1 de *Navarre;* au 2 d'*Ecosse;* au 3 de *Bretagne;* au 4 de *Flandre*, sur le tout contre-écartelé, aux 1 et 4 de gueules, à 9 mâcles d'or, qui est de Rohan. Aux 2 et 3 d'or, à 3 chabots de gueules, qui est de Chabot. Couronne de prince sur l'écu, et couronne ducale sur le manteau. Supports : à dextre un léopard lionné, à senestre un sauvage portant sa massue sur l'épaule. Devise : *Potius mori quam fœdari.*

Sabran (origine du Languedoc), premier titre XIe siècle ; avec la charge héréditaire de connétable des comtes de Toulouse, depuis établis dans la haute et basse Provence.

Ecartelé au 1 et 4 de gueules, à la croix de Toulouse d'or, qui est de Forcalquier ; aux 2 et 3 d'azur, au rocher de trois pointes de sables, celle du milieu supérieure surmontée d'une étoile d'or qui est d'Ariano ; sur le tout de gueules au lion d'argent qui est de Sabran. Supports : deux lions. Devise : *Noli irritare leonem.*

SAINT-GEORGES, marquis de VERAC (de Saintonge et de Bourgogne), premier titre XIIIe siècle : un de Verac fut tué à la bataille de Poitiers.

Ecartelé, aux 1 et 4 d'argent à la croix de gueules. Supports : deux sirènes. Cimier : une mélusine. Devise : *Nititur per ardua virtus.*

SAULX-TAVANNES (de Bourgogne), XIIe siècle, suzerain sans être obligé à hommages : maréchaux de France, alliés du duc de Mayenne et de la maison des Guises.

D'azur au lion d'or, lampassé et armé de gueules. Supports : deux griffons. Devise : *Semper leo.*

SÉGUR (de Guienne), premier titre XIIIe siècle, hommage direct aux rois d'Angleterre, ducs de Guyenne.

Ecartelé aux 1 et 4 de gueules, au lion d'or ; aux 2 et 3 d'argent plein. Supports : deux lions.

SERENT d'ancienne chevalerie (de Bretagne), XIIe siècle. Un descendant de cette maison fut l'un des 30 champions choisis par Beaumanoir, contre le même nombre d'anglais pour *le Combat des Trente*.

D'or à quintefeuilles de sables.

SUFFREN DE SAINT-TROPEZ (Provence), d'origine italienne XVIe siècle. Anoblis en France par Henri III, baillis de Malte.

Ecartelé au 1 et 4 d'azur, à la fasce d'or; aux 2 et 3 de gueules, à 3 pals de vair et au chef d'or; sur le tout d'azur au sautoir d'argent, cantonnés de quatre têtes de léopard d'or qui est de Suffren. Couronne de marquis sur l'écu, et couronne de comte sur le manteau. Devise : *Dieu y pourvoira.*

TALARU, d'ancienne chevalerie du comté de Forez, premier titre XIe siècle : a donné vingt-et-un chanoines-comtes de Lyon, un cardinal et trois archevêques.

Parti d'or et d'azur à la cotice de gueules, brochant sur le tout.

TALHOUET (de Bretagne), XIIIe siècle, attesté par une ratification d'une vente de l'année 1292.

D'argent à trois pommes de pins de gueules. Couronne

de marquis sur l'écu, et couronne de baron sur le manteau.

TALLEYRAND, *Chalais*, *Périgord*, premier titre non contesté, XIIe siècle. Les Talleyrand, comme les Montesquiou prétendaient à une origine carlovingienne. La ligne directe est éteinte. *Dino*, est un fief moderne crée par le Roi de Naples (1817), *Bénévent* principauté instituée par Napoléon, auquel le prince renonça au congré de Vienne.

De gueules à trois lions d'or, lampassé, armés et couronnés d'azur. Couronne de prince sur l'écu et couronne ducale sur le manteau. Devise : *Re que Diou.*

TELLIER (LE) DE SOUVRÉ, marquis de LOUVOIS (de Normandie), XIV^c siècle: a donné des chanceliers des Ordres, un maréchal de France, et un archevêque duc de Reims.

Ecartelé, au 1 et 4 d'azur, à trois lézards rangés d'argent; au chef cousu de gueules chargés de trois étoiles d'or qui est Le Tellier, aux 2 et 3 d'azur, à 5 cotices d'or qui est de Souvré. Supports : deux loups. Cimier : une branche de chêne rompue. Devise : *Melius frangi quam flecti.*

THOMAS DE PANGE, marquis DE PANGE, de la Lorraine, premier titre XIV^c siècle.

D'argent, au chevron d'azur chargé de deux épées

appointées d'argent garnies d'or et accompagné de 3 étoiles de gueules. Couronne de marquis sur l'écu et couronne de baron sur le manteau. Supports : deux lions.

TOUR-DU-PIN (LA) MONTAUBAN, marquis de SOYANS, La *Tour-du-Pin-Gouvernet*, du Dauphiné; de la branche cadette des derniers Dauphins, du Viennois XIVe siècle.

Ecartelé, aux 1 et 4 d'azur, à la tour d'argent, maçonnées, ouverte et ajourée de sable; au chef cousu de gueules, chargé de trois casques d'or, ouverts et sans grilles et tares de profil; aux 2 et 3 d'or, au dauphin d'azur, creté et oreillé de gueules. Supports : deux griffons. Couronne ducale sur l'écu et couronne de marquis sur le manteau. Devise : *Courage et loyauté*. Légende : *Turris fortitudo mea*.

TREMOÏLLE, prince de TARENTE, première branche sires de la *Trémoïlle;* 2e marquis de *Royan* et comtes d'*Olonne* (éteints) ; 3e duc de *Noirmoutiers* (éteints) ; 4e seigneurs de *Luchon* et de *Bourbon-Lancy*, comtes de *Joigny* (éteints) ; 5e barons de *Dours* et d'*Engoutsen* (éteints) ; 6e seigneurs de *Fontmorand* (éteints) ; du Poitou, premier titre XIe siècle; qualifié de cousin par les rois de France : à donné dix chevaliers des Ordres, un porte-oriflamme, et six grands chambellans de France, etc.

Armoirie de *France*, d'*Aragon-Naples*, de *Laval*, de *Bourbon*, sur le tout d'or au chevron de gueules, accompagné de 3 aiglettes d'azur; becquetées et membrées de gueules qui est la Tremoïlle. L'écu timbré d'une couronne royale fermée et environné du manteau, sommé de la couronne de duc. Tenants : deux anges.

TULLE, marquis de VILLEFRANCHE, origine : royaume de Naples, XIIe siècle ; a donné plusieurs commandeurs de l'Ordre de Malte.

D'argent au pal de gueules, chargé de 3 papillons du champs ; méraillé d'azur. Couronne de marquis sur l'écu et couronne de baron sur le manteau.

VICHY (du Bourbonnais), premier titre XIe siècle.

De vair de quatre tires. Supports et tenants : un griffon et un sauvage.

VIGNEROT DU PLESSIS-RICHELIEU, duc de RICHELIEU, origine du Poitou. Sa filiation remonte jusqu'à l'année 1201, comtes d'*Agenais*, et d'*Aiguillon*, *Fronsac*, *Chillon*, (éteints). Le grand cardinal appartenait à cette race. La ligne directe a fini avec le duc de Richelieu, ministre de Louis XVIII, mort en 1822. Le nom est passé aux *Jumilhac*, fils d'une sœur Ces substitutions sont fréquentes dans l'ordre de la noblesse; il n'y a pas dix familles en ligne directe et franche d'alliage.

Ecartelé, au 1 et 4 d'or, à trois hures de sanglier de sable, qui est de Vignerot, aux 2 et 3 d'argent à 3 chevrons de gueules qui est de Plessis-Richelieu.

VILLENEUVE, marquis de VENCE (de la Provence), premier titre XIe siècle : a donné trois chevaliers de la première croisade, 1096 (1).

De gueules, frettées de six lances d'or et semé d'écusson d'argent, dans les claires voies, en cœur un écusson d'azur chargé d'une fleur de lys d'or. Tenants : deux anges, autrefois deux sirènes. Cri : *A tout.* Devise : *Per hæc regnum et imperium.*

(1) Il faut mettre une certaine circonspection dans le discernement des noms et des armoiries des croisades : une première question s'élève : d'abord y avait-il des armoiries lors de la première croisade; Ducange, les Bénédictins, dom Martene, dom Felibien, le père Lelong en doutent. Ce n'est qu'à la fin du XIIe siècle qu'on trouve quelques armoiries, et les vitraux de Saint-Denis, faits par ordre de Suger n'en contiennent pas : la salle des croisades de la galerie de Versailles est une œuvre de fantaisie ; les généalogistes sont très-faciles. Ce serait amusant de tracer l'histoire des négociations poursuivies par certaines familles d'origine honorable mais de très-petits ancêtres, pour obtenir une place blasonnée dans la salle des croisades. Les meilleures livres pour savoir le nom des vrais Croisés sont les chroniques de Guillaume de Tyr, Albert d'Aix, Raymond d'Agiles, Guibert de Nogent, recueillies par Bongars. *Gesta Dei per Francos.*

VOGUÉ (origine du Vivarais), premier titre XIe siècle, attesté par une charte de donation, datée de l'année 1081.

D'azur, au coq d'or, crêté, barbé et membré de gueules. Couronne de marquis. Supports : deux lions. Cri de guerre : *Fortitudine et vigilantia.* Devise : *Sola vel voce Leones terreo.*

Nous avons omis quelques noms : pour les uns, les renseignements nous ont paru insuffisants ; pour les autres, nous avons pensé qu'ils s'étaient trop mêlés aux intérêts modernes pour n'avoir pas un peu renoncé à la grandeur du blason.

QUELQUES LETTRES

DE LA COMTESSE DU CAYLA

M. le duc de Doudeauville (vicomte Sosthènes de La Rochefoucauld), parvenu à un âge avancé de la vie, a publié ses mémoires : il y a inséré des lettres intimes de la comtesse du Cayla, et peut-être n'a-t-il pas assez réfléchi au peu de convenance de cette publication. Toutes lettres familières sont sacrées : elles repoussent le grand jour. Il règne de l'abandon dans les lettres de la comtesse du Cayla à l'égard de M. de La Rochefoucauld, alors jeune, brillant, très-plein de son mérite. Il y a de l'esprit, une certaine légèreté d'expression et de sentiment qui ne devaient pas être jetés à la publicité. M. Sosthènes de La Rochefoucauld, descendant de l'auteur *des Maximes*, a fait en ces termes le portrait de Mme du Cayla :

Sans être grande, elle est loin d'être petite; sans être extrêmement mince, on n'a pas plus d'élégance et de distinction dans la taille; sans être régulièrement belle, on n'a pas de plus jolis traits. Ses yeux surtout ont une expression qu'il est difficile de peindre. Heureux qui sait y lire ! surtout ceux à qui elle le permet! Bien difficile à connaître: pouvant soutenir toutes les prétentions et les dédaignant toutes; indulgente jusqu'à l'excès pour les autres; se jugeant beaucoup au-dessous de ce qu'elle est; sévère pour elle seule, ayant eu dans les circonstances de sa vie une conduite remarquable; quelquefois une apparence de légèreté qui n'était qu'aimable, mais pourtant qui n'était pas en harmonie avec ce que son âme a de solide; son esprit est vif, pénétrant, juste, souvent brillant; sa raison a toujours été au-dessus de sa jeunesse.

Il y a dans ce portrait un grand enthousiasme et M. de La Rochefoucauld se rappelle la femme qu'il a admirée avec un respectueux dévouement. J'ai compté les lettres nombreuses qu'on peut ainsi classer :

Année 1811, 10 lettres. — 1812, 20 lettres. — 1813, 21 lettres. — 1814, 30 lettres. — 1815, 53 lettres. — 1816, 14. — 1817, 23. — 1818, 10. — 1819, 10. — 1820, 26. — 1821,

27. — 1822, 26. — 1823, 13. — 1824, 89. — 1825, 55. — 1826, 21. — 1827, 21.

Il ne sera pas inutile de donner un aperçu des lettres de Mme la comtesse du Cayla en face des événements de l'Empire et de la Restauration qu'elle apprécie avec une grande légèreté : ce sont des scènes de la vie intime.

1811. — Vous êtes bien aimable de me demander si bien de mes nouvelles, et je vous promets que je me soignerai bien. Vos lettres me font trop de plaisir pour ne pas m'occuper de les lire longtemps. Je ne puis aller à Paris, vous le savez bien ; mes parents ont la bonté de ne pas me laisser faire ma volonté, et me voilà donc ici pour autant de temps qu'il leur plaira. Pourtant il fait bien laid, et dans ce moment j'approuverais fort le départ. Je pense que vous devez être à Paris encore pour deux ou trois jours. Je voudrais que vous disposassiez d'une heure ou deux pour moi, afin d'avoir votre coup d'œil pour des bêtes (des chevaux) que mon frère me cherche : je les veux avec une robe fort claire, beaux et bons, toujours de bonne humeur, jambes de cerf; tout cela sera très-facile.

Ce que je crains d'apprendre, ce sont vos projets de cet hiver : je redoute la campagne. Pour moi, j'irai au dimanche de Mme de la B***, un peu au spectacle ; voilà à peu près tout ce que je ferai, comptant rester souvent le soir. Il me semble que tout est bien à la guerre; d'autres, comme des *goulus*, craignent la faim : on pourra leur répondre par les deux vers de Joas.

Je viens de relire *Andromaque*, et à l'heure qu'il est j'en suis tout enchantée. Maman me disait qu'elle voudrait être la femme de M. de Châteaubriand ; et moi, de ce matin, mon choix est fait : ce serait Racine ; il parle au cœur, l'autre élève l'âme, et ces deux poëtes immortalisen la langue française.

Que faites-vous de Mme de *Vence?* Comment est-elle Son esprit se moque de ses souffrances; il lutte toujour avec avantage. Je voudrais qu'il vous retînt à Paris. J'aim encore mieux ces neuf lieues; je sens que ce n'est pas u obstacle invincible pour moi. Lorsqu'il y a davantage, cel fait tout de suite une double séparation, puisque je n peux franchir la seconde; voilà bien encore une suite d mon égoïsme, n'est-ce pas? Bonsoir pour bonjour, si c'es le soir que cette lettre vous arrive. Ne me laissez plus s longtemps sans un petit souvenir; le mien est tout à vous

1812. — Comme les soirées sont longues et les journée tristes! je n'ai de distractions que celles que me donnen mes ennuyeuses affaires. Je m'en occupe, mais, si le temp est pris, il reste un vide que rien ne peut remplir. Aujour d'hui je voulais vous écrire bien en détail; il m'a fall courir: il est une heure du matin; mais je ne voulais pa dormir sans vous parler, mon ami, et vous dire le demi quart de ce que j'ai dans le cœur. Jamais votre absenc ne m'a paru si longue et je suis loin d'être au bout.

Elie de Périgord va arriver; ne le dites pas, ce serai par moi que vous le sauriez. La garde s'est battue : l générale *Walther* a dissipé mes inquiétudes. Le Vice-Ro a eu deux chevaux tués sous lui. On parle aujourd'hui du retour de l'Empereur, sans y croire, et en même temps du départ de l'Impératrice. J'attends de vos nouvelles avec impatience. Pensez bien que les dix ans ne sont pas nécessaires, et qu'ils sont devant nous au lieu de nous précéder, ce qui est un bonheur de plus. Bonsoir, mon ami. Pourrez-vous lire ce griffonnage? Il est tard, et je suis fatiguée. (IIIe lettre.)

1813. (IIe lettre.) — On dit que le prince de Schwartzenberg s'est présenté, a frappé à la porte et que le Suisse a tiré le cordon. Malgré les lettres de M. de Metternich, l'Empereur n'a pas voulu signer la paix, et nous voilà avec la guerre plus que jamais. Les Français n'ont jamais manqué de cœur; le leur se retrouvera-t-il ce qu'*il doit être?* Il faut l'espérer pour ne pas être effrayé de la crise. On arrange Chambord. L'Empereur est si différent des autres, qu'il trouvera moyen d'assurer notre tranquillité. Nous pouvons nous fier à lui : d'ailleurs, il l'a dit : « Comme les Rois ses prédécesseurs, il se retirera derrière la Loire, et tôt ou tard nos ennemis retourneront dans leurs foyers. »

Je ne sais rien prendre de vous froidement. J'avais le projet, dès avant-hier, d'aller à l'Opéra après le dîner d'aujourd'hui. Toute la journée j'ai pensé à vous et j'avais un désir de vous retrouver qui tenait de l'enfantillage. L'injustice me révolte et de là vient ma vivacité. Lorsque ce que vous dites est faux, j'enrage. Venez me voir ce matin; inventez quelque chose, ou bien j'irai voir la vicomtesse. Je l'aimerai la première, j'en ai peur, et vous me reconduirez, cela vaudra peut-être mieux.

Il est deux heures; je vais me recoucher; vous ne me valez rien. Adieu, ami; je voudrais ne pas tant vous aimer, vos grogneries ne pèseraient rien. L'injustice trouble : c'est un rat qui ronge.

A cette époque, la comtesse du Cayla et sa famille étaient attachées à l'Empire, comme le faubourg Saint-Germain. Ainsi que toute cette société de femmes élevées au pensionnat de Mme Campan, la Comtesse écrit les faits les plus graves avec une désolante légèreté. La Restauration arrive, la comtesse du Cayla salue cet événement avec une joie extrême; et cependant elle n'en reste pas moins occupée à des futilités; elle écrit toujours très-tendrement à M. de La Rochefoucauld.

Votre cœur apparaît dans tout ce que vous faites. — Hier au soir j'ai bien pensé à vous et vous étiez plus que présent, pas assez cependant. La musique n'a été que d'une aile, et tout était fini à minuit et demi. J'ai dansé une contredanse avec le petit Caraman, qui ressemble à un pinson. Mademoiselle n'y était pas. Je vous dois, détestable grognon, trois livres treize sous. Si vous étiez, vous, et non pas toujours querellant, vous n'auriez eu que trois livres dix sous; vos grimaces valent bien trois sous. Vous veniez d'arriver, vous me faites la grimace, parce que je cause avec Mme de Chabot; ç'aurait été avec un jeune homme agréable, que vous auriez fait encore de même.

La comtesse du Cayla sort quelquefois de ses tendres pensées pour s'occuper de politique avec un enthousiasme de passion et de haine; elle attaque la Charte qui plus tard lui donna Saint-Ouen.

J'ai trouvé beaucoup de monde dans le salon. On parlait de la Constitution; elle me paraît anglaise, fort anglaise. Les sénateurs actuels gardent leurs places pour eux et leurs descendants, avec les appointements. Le Roi en nommera autant d'autres qu'il plaira à Sa Majesté, mais sans appointements. Ils ont raison de se faire cette part : l'honneur sera pour les autres. Le corps législatif, pris dans les personnes ayant quinze mille francs de rente, n'est point payé. Les ministres choisis par le Roi; les titres nouveaux reconnus comme les anciens. Bonaparte s'en remet à l'empereur Alexandre. L'archiduchesse veut le suivre. Bon voyage! pourvu qu'ils s'en aillent bien loin. On dit que les Anglais n'en veulent point dans l'île d'Elbe. Voilà tous les journaux que j'ai pu ramasser. Adieu, mon ami; quelle tristesse, quel chagrin! Je ne quitterai M^{e} de La Rochefoucauld que le moins possible. Il faudra que je pense bien souvent au bonheur dont vous allez jouir, et j'aurai toutes les joies le même jour.

Adieu encore, pensez à moi ; ne vous risquez pas, ayez de la prudence pour nous et revenez bien vite crier avec moi : *Vive le Roi!*

1815. — Je ne sais rien de plus que ce matin ; mais l'inquiétude me ronge. Vous serez peut-être parti avec M. le duc d'Angoulême ; mais cela ne se peut. Il faut absolument que notre *Madame* soit gardée pour son retour et vous êtes de la maison du Roi. Cette lettre ne vous arrivera sûrement pas, ni peut-être celle d'aujourd'hui ; car on dit que le Roi a mandé à *Madame* de revenir demain : l'on saura s'il est vrai que ce vilain Corse soit débarqué ; on en doute encore. Depuis la dépêche télégraphique, point de courrier ; les peureux disent qu'on les intercepte, et cent nouvelles effrayantes. Mais nos princes seront forts par le bras de Dieu ; viendront les hommes ensuite. M. le duc de Berry doit partir cette nuit. »

A l'égard de celui que naguère la comtesse du Cayla appelait un héros, ces épithètes étaient peu convenables. On pouvait aimer la Restauration, se dévouer pour elle, et néanmoins respecter un passé plein de gloire et d'éclat ; ses réactions sont ainsi faites : rien n'est en dehors de leurs passions, et la comtesse du Cayla avec sa tête ardente partageait les opinions de 1815.

Depuis 1820, la comtesse du Cayla est devenue une femme politique, liée au mouvement du cabinet, aux intrigues parlementaires, et néanmoins elle reste avec son caractère léger, badin elle parle à cœur ouvert sur les hommes politiques, MM. de Villèle, Châteaubriand; elle se mêle à tous les mouvements du cabinet et des deux chambres. M. Sosthènes de La Rochefoucauld, devenu homme politique, la tient au courant de tout ce qui se passe dans les journaux, à la tribune. Dans ces lettres du vicomte, il n'y a aucune largeur d'aperçus; M. Sosthènes est entouré d'agents qui suivent les affaires par le petit côté. Mme la comtesse du Cayla est toute puissante jusqu'à la dernière maladie du Roi. Nous rendons hommage à la piété presque filiale dont elle l'entoure jusqu'à sa mort.

J'ai oublié hier, mon cher vicomte, de vous dire une chose bien touchante. Le Roi, me parlant de l'avenir, m'a dit : « Y a-t-il encore une chose difficile et épineuse à faire, signalez-la-moi. C'est ce que mon frère ne pourrait faire sans inconvénient. » — Je ne crois pas qu'on puisse pousser la prévoyance et l'affection plus loin.

— Je ne pourrais pas assister à deux scènes pareilles en ma vie, mon cher vicomte, et je fonds encore en larmes en vous écrivant ce petit mot dont mon cœur a besoin.

Ce prince est admirable; et, comme saint Louis, il voit arriver les derniers jours avec un grand cœur ! Croyait-il donc me voir pour la dernière fois? Cette idée me déchire. Il m'a parlé de toutes les personnes qui lui tiennent avec des expressions qui remueraient des pierres. En parlant de *Madame* et de *Monsieur,* il disait : « Ils me font bien regretter la vie. Mon frère, ce bon frère, a-t-il ajouté honorera ma mémoire en vous. » Il m'a donné sa bénédiction. Tenez, je suis hors d'état de vous dire des détails; je retourne bouleversée à Saint-Ouen.—Bonjour, cher vicomte, vous partagerez tout ce que j'éprouve. Cependant il y a du mieux, il le dit lui-même, mais ce sont quelques mois et voilà tout le mieux. Il veut marier Valentine et est bien occupé qu'elle ait cette charge de grand écuyer en dot; pour moi, je ne le veux pas et je ne pense qu'à cet adorable prince. Adieu, à ce soir, j'espère, je n'en puis plus.

Il y avait beaucoup d'âme et de cœur dans la comtesse du Cayla ! ces sentiments rachètent les côtés un peu faciles de sa vie.

ANECDOTES

ET

SOUVENIRS HISTORIQUES

SUR LA RESTAURATION

I

LA JEUNESSE DU COMTE DE PROVENCE

(DEPUIS LOUIS XVIII)

La maison de Bourbon est presque oubliée; les temps marchent et la génération nouvelle épèle à peine l'histoire de la Restauration. Nous allons recueillir quelques anecdotes, quelques pièces importantes qui peuvent éclairer cette époque; travail pour nous d'autant plus facile que nous avons écrit une *Histoire de la Restauration* sur les pièces originales, et devenue pour ainsi dire le manuel classique de cette époque.

Louis XVIII, né à Versailles le 17 novembre 1755, reçut avec les prénoms de Louis-Stanislas-Xavier (1) le titre de comte de Provence. Troisième fils du Dauphin, il n'avait que dix ans lorsque son père mourut; et ainsi il se trouva placé le plus près du trône, après le duc de Berri (depuis Louis XVI). Le duc de La Vauguyon fut son gouverneur. C'était un esprit éclairé, d'une douceur extrême et d'une certaine faiblesse de caractère : à une époque où toutes les maisons souveraines donnaient aux jeunes princes une éducation et des habitudes militaires, les fils du Dauphin, destinés à commander au peuple le plus belliqueux de l'Europe, furent environnés de précepteurs très-recommandables, mais tout à fait incapables d'inspirer à leurs élèves le courage et l'énergie, de les former à l'esprtt d'un gouvernement fort.

L'évêque de Limoges, Coetlosquet, les abbés Nollet, de Radonvilliers et le père Berthier de l'ordre des Jésuites furent les principaux membres de cette espèce de conseil d'instruction royale. Le comte de Provence, sans être doué de qualités militaires, acquit cependant une certaine fermeté et la résolution qui conviennent

(1) Le roi Stanislas de Pologne avait été son parrain.

au pouvoir. On dit même que Louis XV, son aïeul, le regardait comme plus digne de lui succéder que n'était le duc de Berri. Le jeune comte de Provence désirait au reste vivement porter la couronne : en toute occasion, il gardait un air de supériorité qui contrastait avec la modestie du duc de Berri, d'un esprit plus emporté que résolu. Un jour que le duc de Berri s'était exprimé d'une manière incorrecte, le comte de Provence lui dit avec une sorte de pédantisme « qu'un prince devait savoir sa langue; » le duc de Berri répondit : « qu'il devrait bien savoir retenir la sienne. » D'un caractère grave et studieux, le comte de Provence dépassa ses frères dans les sciences et les lettres : très-fort en latin, il lisait de bonne heure Horace, toujours son auteur de prédilection. Jeune homme, il s'environna de savants, d'artistes et de gens de lettres, qui lui firent une réputation de philosophe encyclopédique.

Le 9 mai 1771, le comte de Provence épousa Joséphine de Savoie, dont la sœur fut mariée deux ans plus tard au comte d'Artois; union diplomatique de la maison de Savoie avec celle de France. Toujours galant, le comte de Provence composait des madrigaux et des vers; on lui attribua ce quatrain écrit sur du papier satin-rose qui enveloppait un éventail envoyé à la Reine :

Au milieu des chaleurs extrêmes,
Heureux d'amuser vos loisirs,
J'aurai soin près de vous d'amener les zéphirs,
Les amours y viendront d'eux-mêmes.

Il fit entrer plusieurs gens de lettres dans l'organisation de sa maison et dans les bureaux des ordres du Mont-Carmel, de Saint-Lazare, de Jérusalem, dont il était grand-maître. Il eut pour secrétaire de ses commandements le poëte Ducis (1) : le marquis de Montesquiou fut son écuyer ; Arnault le tragique eut une place dans sa garde-robe, et les avocats Treilhard et Target, furent ses conseillers. Lui-même ne laissait pas échapper une occasion de fronder le gouvernement de son frère. On le dit l'auteur d'une brochure dirigée contre les ministres Maurepas, Turgot et l'abbé Terray, intitulée : *Les Mannequins, conte ou histoire, comme on voudra;* et d'un autre pamphlet allégorique, qui parut en 1784, accompagné d'une gravure

(1) Ducis garda toujours une vive reconnaissance pour le roi Louis XVIII.

représentant une sorte de chimère avec cette légende : *Description historique d'un monstre symbolique pris vivant sur les bords du lac Fagna, près Santa-Fé, par les soins de Francisco Xaveiro de Menuris* (Monsieur) : libelle dirigé contre les ministres Calonne et de Brienne. Monsieur aimait le théâtre, la musique, et l'on dit qu'il ne fut pas étranger à la composition de l'opéra de *Panurge*, qui parut sous le nom de Morel, son intendant. Enfin on lui attribua quelques épigrammes contre la reine Marie-Antoinette, alors en butte à tant de calomnies, et que Monsieur n'aimait pas (1).

Dans son amitié tendre et abandonnée, le roi Louis XVI (1776) accorda à ses deux frères toutes les prérogatives qui, jusqu'alors, n'avaient appartenu qu'au Dauphin : Monsieur eut le palais du Luxembourg pour résidence : il y établit sa cour, élégante et nombreuse. En 1777, il avait visité la Provence, son apanage ; tandis que son frère, le comte d'Artois, parcourait les côtes de l'Ouest. Monsieur s'y fit remarquer comme le protecteur des sciences et des lettres. A Toulouse, il reçut l'académie des jeux floraux im-

(1) Voyez mon petit livre sur *Trianon*.

médiatement après le parlement. Il assista à une de ses séances intimes ; il inscrivit son nom sur la liste des *mainteneurs du gay sçavoir*, en acceptant un jeton de présence comme simple académicien.

A son retour, Monsieur vint habiter son château de Brunoy ; il y vécut presqu'en souverain, tenant un grand état de maison, entouré d'académiciens qu'il soutenait et pensionnait généreusement plus que le Roi lui-même. C'était Mme de Balbi, dame d'atours de la princesse, qui faisait les honneurs de cette résidence : elle avait acquis beaucoup d'ascendant sur Monsieur. On dit que le prince aurait bien voulu, par une sorte de vanité, qu'on la crût sa maîtresse sérieuse ; les médisants répétaient qu'il la craignait encore plus qu'il ne l'aimait : souvent Mme de Balbi le traitait assez durement. Un jour, voulant se montrer jaloux, il la pria de se mettre en garde contre des bruits fâcheux qui couraient sur son compte : « La femme de César, dit-il, ne devrait pas même être soupçonnée : — D'abord, lui répondit Mme de Balbi, *vous n'êtes pas César*, et vous savez bien *que je n'ai jamais été votre femme.* »

Le comte de Provence, était alors très-occupé

d'augmenter sa popularité en frondant les ministres. Il assista en loge de face à la première représentation du *Mariage de Figaro* (1784), et il y fut salué par de vives acclamations. Il prit sous sa protection et soutint de ses secours le *Musée des Arts*, fondé par Pilâtre de Rozier, et qui reçut alors le nom de *Musée de Monsieur.* Monge, Condorcet, Garat, Fourcroy et beaucoup d'autres philosophes en étaient les professeurs.

Quand la grande Révolution éclata, violente, désordonnée, dans les journées des 5 et 6 octobre, l'appartement de Monsieur, à Versailles, ne fut point attaqué par la populace, et l'on ne s'aperçut de sa présence au château qu'au moment du départ, lorsqu'il se présenta dans une attitude très-calme et avec une toilette soignée, comme à un jour de fête, pour entrer dans la voiture royale et se rendre à Paris. Il supporta avec calme et courage cette épreuve, et vint encore habiter son palais du Luxembourg. Cherchant à s'effacer, il recevait peu de monde, et se rendait rarement auprès du Roi. Il fut initié à l'une des plus importantes affaires de ce temps, la défection de Mirabeau. Il écrivit toute la correspondance et même rédigea le traité honteux avec le tribun vicieux et corrompu. Cette affaire à peine conclue, survint la conspiration de Favras. Monsieur, gravement compromis auprès du parti révolutionnaire, réussit, par les conseils de Mirabeau, non-seulement à se disculper, mais à retremper sa popularité : il fit preuve de courage et de présence d'esprit. Quand la révolution, marchant toujours, ne laissa plus d'espoir à la royauté, Monsieur résolut son émigration, et ce fut à cette circonstance qu'on dut le petit ouvrage qu'on va lire.

II

RELATION D'UN VOYAGE A BRUXELLES ET A COBLENTZ (1791).

On ne peut douter de l'authenticité de ce petit livre, tout entier écrit de la main de Louis XVIII (1).

Le Roi le dédia au comte d'Avaray, qu'il

(1) J'ai eu dans les mains le manuscrit.

appelle son libérateur, dans un hommage de quelques lignes :

« Je sais, mon cher ami, que vous travaillez à tracer le détail de ce qui a précédé et accompagné le moment où vous m'avez rendu la liberté ; personne n'est plus en état que vous de bien faire connaître votre ouvrage. Cependant je l'entreprends aussi ; il est possible que votre modestie vous empêche de vous rendre entièrement justice, et c'est pour moi un devoir aussi sacré que doux à remplir de parer à cet inconvénient. Ce serait me rendre ingrat de souffrir que qui que ce soit au monde, même vous, osât ravir a mon libérateur la moindre partie de la gloire qui lui est due. C'est donc bien plus dans cette vue que pour me rappeler le souvenir d'événements qui seront toujours présents à ma pensée, que j'écris cette rédaction. Recevez la comme un gage de ma tendre amitié, comme un monument de ma reconnaissance. Puisse-t-elle servir à acquitter une partie de la dette qu'il m'a été si doux de contracter, et dont il m'est encore plus doux de penser que je serai éternellement chargé !

« Louis. »

Tout plein de l'antiquité classique, Louis XVIII adopte pour épigraphe : *Teucro duce et auspice Teucro.* Les éditions de ce livre sont rares, et nous croyons faire plaisir à nos lecteurs en citant quelques fragments.

« Les bruits répandus, au mois de novembre 1790, de la prochaine évasion du roi Louis XVI m'avaient fait songer à la mienne. J'avais cru devoir mettre Péronnet, alors mon garçon de garde-robe, dans ma confidence, parce qu'il était plus à portée qu'un autre d'arranger tout ce qu'il me fallait relativement à mes paquets, et que d'ailleurs j'étais dès lors aussi sûr de sa fidélité que je le suis aujourd'hui qu'il m'a si bien servi. Les bruits se dissipèrent, et, comme de raison, nous remîmes l'exécution du plan à un moment plus favorable ; j'en parlai à la Reine, qui m'assura que ni le Roi ni elle n'avaient donné aucun fondement à cette nouvelle ; mais elle m'ajouta que tôt ou tard cela arriverait sûrement, me promit de m'avertir à temps et me conseilla d'être toujours prêt.

« La persécution qui s'alluma vers Pâques de cette année (1791) et la détermination que le Roi fut contraint de prendre, me firent croire que je n'avais guère de choix qu'entre l'apostasie et le martyre : la première me faisait horreur ; je ne me sentais pas grande vocation pour le second. Nous en raisonnâmes beaucoup, Mme de Balbi et moi, et nous conclûmes qu'il y avait un troisième parti à prendre, qui était de quitter un pays où il allait devenir impossible d'exercer sa religion. Le temps pressait ; nous étions au Vendredi-Saint ; le jour de Pâques était l'époque fatale. Nous convînmes de partir dans la nuit même, dans la voiture de Mme de Balbi, elle, Madame, moi et un quatrième. Ce n'était pas, comme on peut bien l'imaginer, la première fois que je songeais à mon compagnon de voyage, et ma première pensée avait été pour d'Avaray dont j'étais aussi sûr que de moi-même. Mais entouré et chéri d'une famille nombreuse et qui vit dans la plus parfaite union, son évasion me semblait aussi difficile que la mienne. D'ailleurs (et ce fut là mon principal motif pour en choisir un autre) la délicatesse de sa santé me faisait craindre qu'il ne pût supporter les fatigues d'une pareille entreprise. Je jetai les yeux sur..... Mais pourquoi le nommer? Si cette relation passe sous ses yeux, il verra qu'un refus, fondé d'ailleurs sur de très-bonnes raisons, c'est un hommage que je dois à la vérité, ne m'a pas fait oublier vingt années d'amitié ; et je me plais à croire qu'il me saura gré de mon silence. Je partis pour les Tuileries, en laissant à Mme de Balbi une espèce de lettre de créance pour lui, et j'allai instruire le Roi et la Reine de mon dessein. Occupés dès-lors de leur projet d'évasion, dont ils ne m'avaient pas communiqué le plan, et sur lequel ils ne m'avaient pas fait d'autres ouvertures que de me demander des matériaux qui n'ont servi à rien pour la déclaration que le Roi a publiée à son départ, ils craignirent que mon évasion à cette époque ne nuisît à la leur, et cherchèrent à m'en detourner.

. . . .

J'espérais que d'Avaray viendrait à mon coucher ; mais son cabriolet ayant cassé, il n'y vint pas. Le vendredi matin, je lui écrivis de venir à six heures ; il s'y rendit : « Faut-il graisser nos bottes? me dit-il en entrant. — Oui, lui répondis-je, et pour lundi. » Alors nous entrâmes en détails et nous examinâmes trois points principaux : 1° la manière de sortir du Luxembourg ; 2° celle de sortir de Paris ; 3° la route que nous tiendrions pour sortir du royaume. Il était fort en peine du premier de ces points, parce qu'il ne connaissait pas tous les détails de mon appartement, et qu'il ne me croyait d'issue que par mon antichambre, ce qui était impossible, ou par le jardin, ce qui était fort difficile. Je le rassurai promptement en lui faisant connaître ce que j'appelle mon petit appartement, et qui communique absolument avec le grand Luxembourg, où il n'y avait pas de garde nationale.

« Cette difficulté levée, il en restait une autre, c'était la voiture dont nous nous servirions pour aller gagner celle du voyage; car nous ne songeâmes même pas à faire venir celle-ci au Luxembourg. Un fiacre était bien ce qu'il y avait de plus sûr, mais ils n'entraient pas dans la cour du Luxembourg, et jamais d'Avaray ne voulut consentir, quelque bien déguisé que je pusse être, que je sortisse à pied. Il fallait donc choisir du carrosse de remise ou du cabriolet, et nous préférâmes le premier, parce que indépendamment de ce que je suis un peu trop lourd pour monter ou descendre facilement d'un cabriolet, il faut un homme pour le garder, et cela ne nous convenait pas. Ce point arrêté, nous agitâmes s'il valait mieux sortir de Paris avec des chevaux de louage, ou en poste, et nous nous décidâmes pour la poste : 1° parce que c'est la manière la moins suspecte de voyager ; 2° parce qu'en prenant des chevaux de louage, il aurait fallu placer nos relais sur la route ou demander un ordre pour avoir des chevaux de poste ; le premier parti eût été suspect, et le second eût pu l'être aussi ; et de plus, il ajoutait un rouage à une machine que nous pensions, avec raison, qu'on ne pouvait trop simplifier.

Ici le comte de Provence parle de son travestissement en marchand anglais.

« L'habillement m'allait fort bien, mais la perruque était un peu trop étroite. Cependant, comme elle allait tant bien que mal et que j'étais résolu, dans toutes les occasions un peu importantes, à garder sur ma tête un grand chapeau rond, garni d'une large cocarde tricolore, cet inconvénient ne nous fit pas grand chose. En traversant le petit appartement, d'Avaray me dit qu'il y avait dans la cour du grand Luxembourg, une voiture de remise pareille à la nôtre, qui l'inquiétait. Je le tranquillisai en lui apprenant que c'était celle de Madame. Cependant, lorsque nous fûmes sur l'escalier, il me dit d'attendre, et il alla voir si elle y était encore. Ne l'ayant plus trouvée, il revint en me disant : « *Come along with me* (1). — *I am ready* (2), » lui répondis-je, et nous allâmes prendre la voiture qui était un vis-à-vis. Le hasard fit qu'en y entrant je me plaçai sur le devant. « Quoi ! des compliments? me dit-il. Ma foi, lui répondis-je, m'y voilà. » Il n'insista

(1) Venez avec moi.
(2) Je suis prêt.

pas; et ayant ordonné au cocher de nous amener au Pont-Neuf, nous sortîmes ainsi du Luxembourg. La joie de me voir échappé à mes geôliers, joie que d'Avaray partageait bien sincèrement, tournait toutes nos idées du côté de la gaieté; aussi notre premier mouvement, après avoir passé la porte, fut-il de chanter un couplet de la parodie de Pénélope, qui dit : « Ça va bien, ça prend bien, ils ne se doutent de rien. »

Le comte de Provence suit son itinéraire avec gaieté de Paris jusqu'en Picardie.

« Il est impossible d'être plus mal menés que nous le fûmes depuis Vaurains, mais surtout depuis Laon jusqu'à La Capelle : je commençais à craindre que nous ne pussions pas arriver à Avesnes avant les portes fermées, et je méditais de passer par Landrecy où la poste est hors de la ville; cela nous aurait à la vérité allongé de quatre lieues; mais cet inconvénient était bien peu de chose, comparé à celui de rester tout à fait; mais l'inquiétude que la lenteur des postillons me donnait fut bientôt absorbée par une plus cruelle. D'Avaray qui, depuis quelque temps, était devenu sérieux et taciturne, de gai et parlant qu'il avait été tout le long du chemin, m'avoua enfin, entre Marle et Vervins, qu'il crachait le sang, et je n'en vis que trop la preuve dans son mouchoir dont je me saisis par une espèce de mouvement machinal, aussitôt qu'il m'eût fait cet aveu. Qu'on se figure un peu ce qui se passa dans mon âme; je ne pouvais pas douter que ce ne fussent les peines d'esprit et de corps qu'il s'était données pour préparer notre départ, jointes à la nuit qu'il venait de passer blanche et à la fatigue du voyage qui ne lui eussent valu cet accident. »

Après de longs épisodes, au reste fort bien racontés, (le comte de Provence raille le mauvais repas d'un poulet étique et d'une omelette), on toucha la frontière des Pays-Bas, point de la délivrance.

« Avant de me livrer à ma joie, je remerciai Dieu du recouvrement de ma liberté; ensuite je voulus m'en réjouir avec d'Avaray. Comme nous n'étions pas encore hors de France, il voulut arrêter mes transports, à cause de Sayer qui ne me connaissait pas encore; mais ce dernier dormait profondément sur mon épaule, et d'Avaray lui-même était trop content pour ne pas se laisser entraîner par moi. Je commençai par me saisir de ma maudite cocarde tricolore, et lui adressant ce vers d'Armide :

Vains ornements d'une indigne mollesse,

je l'arrachai de mon chapeau. Je priai d'Avaray de la conserver soigneusement, comme Christophe Colomb voulut conserver ses chaînes. Ensuite nous agitâmes ce que nous ferions en arrivant à Mons, que nous croyions encore place de guerre et dont nous supposions que les portes seraient fermées. Nous arrêtâmes de tâcher de nous loger dans le faubourg; et si nous ne pouvions pas y trouver de gîte, il fut convenu que j'écrirais au commandant, en me nommant, pour lui demander les portes. Nous prévîmes aussi le cas où nous ne trouverions qu'un seul lit; je dis à d'Avaray que je le lui cèderais, et qu'en qualité de plus fort, je passerais la nuit dans mon fauteuil. Il me déclara qu'il ne le souffrirait pas et qu'il prendrait plutôt un matelas à terre, à côté de mon lit; j'insistai pour qu'il partageât au moins le lit que nous n'étions pas sûrs d'avoir ; et comme tout se tournait en gai dans mon esprit, je parodiai des vers d'Hippolyte et Aricie qui commencent par *Sous les drapeaux de Mars*, en mettant *matelas* au lieu de *malheur*, ce qui nous fit beaucoup rire. Ces projets, ces disputes, les souvenirs de notre voyage, mille autres qui tous se peignaient en beau dans l'âme de deux êtres les plus contents qui furent jamais, nous conduisirent jusqu'au village de Rossu, à un quart de lieue de Mons. Notre postillon, qui n'y était jamais venu, se crut dans le faubourg, et nous frappâmes à plusieurs portes sans pouvoir en faire ouvrir une seule. Enfin il nous dit qu'il apercevait la cathédrale de Mons; nous allâmes de ce côté, c'était un pigeonnier. Cependant, à force d'avancer, nous arrivâmes réellement dans le faubourg, et un maréchal-ferrant, que nous parvînmes à réveiller, nous indiqua une auberge; mais elle avait si mauvaise mine que nous résolûmes de ne nous en servir que pour écrire au commandant de Mons. Je sortis pour la première fois de voiture depuis vingt-quatre heures; nous frappâmes à la porte, une servante vînt et nous demanda ce que nous voulions : « Ecrire une lettre, lui répondis-je ; » sur cette réponse, elle me ferma la porte au nez ; mais le postillon qui voulait se rafraîchir, frappa si fort qu'elle rouvrit la porte, et nous entrâmes; j'en avais grand besoin, car mes jambes étaient si engourdies que j'avais peine à me porter.

« Mon premier soin, pendant qu'on s'informait des ressources qu'on pourrait trouver là, fut de me jeter à genoux pour remercier Dieu, dans une posture plus convenable que je n'avais pu le faire jusqu'alors. Acquitté de ce premier devoir, j'en remplis un non moins sacré ni moins doux en serrant dans mes bras mon cher d'Avaray, auquel je pus, pour la première fois, donner sans crainte et sans indiscrétion le nom de mon libérateur. »

Le comte de Provence finit son journal en exprimant les sentiments de profonde reconnaissance pour le comte d'Avaray : « J'ignore quel sera le sort de ma patrie et le mien; mais quel que soit celui que la Providence me destine, elle ne pourra jamais m'ôter autant qu'elle m'a donné en m'accordant un ami comme mon cher d'Avaray. »

III

ÉLECTION DU ROI PAR LE SÉNAT.

On ignore, en général, que Louis XVIII fut élu Roi constitutionnel des Français, par un acte du sénat de l'Empire qui venait de prononcer la déchéance de Napoléon. Voici le texte du sénatus-consulte voté même par les sénateurs républicains : « Le gouvernement français est monarchique et héréditaire de mâle en mâle, par ordre de primogéniture. — Art. 2. Le peuple français appelle librement au trône de France *Louis-Stanislas-Xavier de France*, frère du dernier Roi, et après lui les autres membres de la maison de Bourbon, dans l'ordre ancien. » Cet acte du Sénat fut signé par :

« Le *prince* Lebrun ; les *comtes* Abrial, Barbé-Marbois, Emmery, Barthélemy, Belderbusch, Berthollet, Beurnonville, Cornet, Carbonara, Legrand, Chasseloup, Cholet, Colaud, Davout, Degrégory, Decroy, Depère, Dembarrère, d'Haubersaert, Destutt-Tracy, d'Harville, d'Hédouville, Fabre (*de l'Aude*), Ferino, Dubias-Dubois, de Fontanes, Garat, Grégoire,

Herwyn de Nevele, Jaucourt, Klein, Journu-Aubert, Lambrechts, Lanjuinais, Lejeas, Lebrun de Rochemont, Lemercier, Meerman, de Lespinasse, de Montbadon, Lenoir-Larroche, de Maleville, Redon, Roger-Ducos, Péré, Tascher, Porcher de Richebourg, de Pontécoulant, Saur, Rigal, Saint-Martin de la Motte, Sainte-Suzanne, Sieyès, etc.

Ainsi le parti républicain proclamait la restauration de Louis XVIII, vote qui excita l'indignation hautaine de l'Empereur, alors abandonné à Fontainebleau.

IV

PROTESTATION DE L'EMPEREUR NAPOLÉON CONTRE LE SÉNAT.

« Le sénat s'est permis de disposer du gouvernement français. Il a oublié qu'il doit à l'Empereur le pouvoir dont il abuse maintenant; que c'est l'Empereur qui a sauvé une partie de ses membres des orages de la Révolution; tiré de l'obscurité et protégé l'autre contre la haine de la nation. Le sénat se fonde sur les articles de la constitution pour la renverser; il ne rougit pas de faire des reproches à l'Empereur, sans remarquer que, comme premier corps de l'État, il a pris part à tous les événements. Il est allé si loin qu'il a osé accuser l'Empereur d'avoir changé les actes dans leur publication. Le monde entier sait qu'il n'avait pas besoin de tels artifices. Un signe était un ordre pour le sénat, qui toujours faisait plus qu'on ne désirait de lui. L'Empereur a toujours été accessible aux remontrances de ses ministres, et il attendait d'eux, dans cette circonstance, la justification la plus indéfinie des mesures qu'il avait prises. Si l'enthousiasme s'est mêlé dans les adresses et les discours publics, alors l'Empereur a été trompé. Mais ceux qui ont tenu ce langage doivent s'attribuer à eux-mêmes les suites de leurs flatteries. Le sénat ne rougit pas de parler de libelles publiés contre les gouvernements étrangers; il oublie qu'ils furent rédigés dans son sein! Si longtemps que la fortune s'est montrée fidèle à leur souverain, ces hommes sont restés fidèles, et nulle plainte n'a été entendue sur les abus de pouvoir. Si l'Empereur avait méprisé les hommes, comme on le lui a reproché alors, le monde reconnaîtrait aujourd'hui qu'il a eu des raisons qui motivaient son mépris. Il tenait sa dignité de Dieu et de la nation ; eux seuls pouvaient l'en priver ; il l'a toujours considérée comme un fardeau, et lorsqu'il l'accepta, ce fut dans la conviction que lui seul était à même de la porter dignement. »

V

HABITUDES PERSONNELLES DE LOUIS XVIII.

Louis XVIII voyait sa dynastie restaurée aux Tuileries et il reprenait sans hésiter sa vie royale.

Les goûts personnels du Roi étaient simples. Il se levait en toute saison à sept heures. En s'éveillant, il sonnait, ou bien sa voix un peu grondeuse appelait son valet de chambre. C'était chose difficile que de l'habiller. Ses souffrances habituelles rendaient ce travail long et pénible. Une fois habillé, le Roi rentrait dans son cabinet, lisait les journaux du matin. A neuf heures, le premier gentilhomme de service, le ministre de la maison et le premier écuyer venaient prendre ses ordres. A onze heures, la famille royale se rendait dans son cabinet, et passait avec lui dans la salle du déjeuner. La table était de trente couverts; toutes les grandes charges de la Cour, les majors généraux de la garde, les officiers de la maison de service avaient droit d'y assister, à très-peu d'exceptions près; les ministres n'en jouissaient pas; le Roi ne prenait jamais qu'un œuf frais et du thé, habitude qu'il avait contractée en Angleterre (1). Après le déjeuner, qui durait une demi heure, toutes les personnes suivaient le Roi dans son cabinet, jusqu'à quelques minutes avant midi; deux ou trois saluts de tête les invitaient à se retirer. La messe de tous les jours était un usage royal auquel Louis XVIII ne manquait jamais. Lorsqu'il faisait beau temps, le Roi paraissait au balcon, soit pour se faire saluer par des acclamations populaires, soit pour voir défiler les troupes de service réunies au Carrousel. Deux fois par semaine, le mercredi et le dimanche, il y avait conseil. Chaque ministre avait son jour fixe de

(1) C'est à tort que les pamphlets ont écrit que le Roi mangeait beaucoup.

travail. M. de Blacas, seul, avait ses entrées à toute heure. Dans l'après-midi, Louis XVIII sortait en calèche découverte. Ses courses étaient ordinairement de deux heures, mais toujours d'une rapidité extrême ; tout le monde connaît cet adage qu'il se plaisait à répéter sans cesse : « l'exactitude est la politesse des rois. » Observateur sévère, quelquefois outré de l'étiquette, un des traits saillants de son caractère fut de ne permettre jamais, autour de lui, qu'on oubliât qu'il était Roi.

Louis XVIII passait quelques instants de la journée à écrire deux ou trois billets à des personnes intimes, et plus souvent à ses ministres de confiance ; il y avait un art particulier. Sa petite écriture était d'une netteté remarquable, et ses phrases, élégantes, souvent spirituelles et toujours correctes, étaient aussi soignées qu'un livre ; il faisait lui-même ses enveloppes, cachetait ses billets. Un jour M. Decazes lui demandait pourquoi il n'avait pas de secrétaire, pour éviter un soin aussi minutieux ; le Roi lui répondit : « On voit bien, mon enfant, que vous n'avez pas encore l'expérience du gouvernement représentatif ; un roi ne doit avoir d'autre secrétaire que ses ministres ; si j'avais un secrétaire particulier, il serait bientôt plus puissant que vous. » Le Roi aimait à causer avec les hommes distingués, et surtout à s'en faire écouter et applaudir ; sa conversation était essentiellement anecdotique, caustique ; ses études littéraires, ses réminiscences de vers latins la rendaient agréable aux savants et difficile pour tous ceux qui n'avaient pas le bonheur de posséder Horace et Virgile.

Comme homme d'État, Louis XVIII possédait une sagacité sérieuse ; il n'aimait point le travail de portefeuille ni les détails de l'administration ; il préférait un premier ministre de confiance et des résumés généraux de politique qui embrassent tout sous un seul point de vue. Il affectionnait la partie secrète des affaires étrangères et la police. Cela entrait encore dans cette habitude d'anecdotes qui faisait le délassement de sa vie. J'ai tenu dans les mains les lettres particulières de M. de Talleyrand au Roi, durant le congrés de Vienne ; elles ne sont qu'un recueil d'anecdotes auxquelles le Roi avait ajouté de sa main quelques petits traits particuliers à chaque souverain ou à chaque personnage. Louis XVIII ne voulait pas qu'on lui annonçât de mauvaises nouvelles : « Pourquoi me dire ce que je saurai trop tôt, disait-il sans cesse à ses ministres de confiance? Il y a toujours assez de gens pour me les apprendre. »

Dans tout ce qui tenait à la représentation, Louis XVIII était admirable; jamais physionomie royale ne s'était mieux pliée à toutes les émotions de circonstance: la bonté, l'indignation, le courage, la dignité. Ses réponses aux députations, aux hommages, étaient marquées au coin du bon goût. Il savait d'autant mieux dire, qu'il calculait tous ses mots, comme tous ses sentiments, et que, sous un air d'abandon, il n'eut jamais d'abandon. En 1814, il n'y eut pas un seul personnage politique qui eut à se plaindre de Louis XVIII.

(Extrait de mon *Histoire de la Restauration.*)

VI

LISTE DE PROSCRIPTION DRESSÉE EN 1815 PAR FOUCHÉ, MINISTRE DE LA POLICE, CONTRE LES AUTEURS DES CENT-JOURS.

Il se trouva, par une circonstance particulière, que ce fut un ancien ministre de la Révolution et de l'Empire, Fouché, qui fut chargé de proscrire les auteurs des Cent-Jours.

La liste arrêtée contenait cinquante-sept noms. Dix-neuf individus, savoir : le maréchal Ney, Labédoyère, les deux frères Lallemand, Drouet d'Erlon, Laborde, Lefebvre-Desnouettes, Ameille, Brayer, Gilly, Mou tonDuvernet, Grouchy, Clausel, Debelle, Bertrand, Drouot, Cambronne, Lavalette, Rovigo, compris dans une première liste, devaient être traduits devant des conseils de guerre compétents. Trente-huit : savoir, le maréchal Soult, les généraux Alix, Exelmans, Vandamme, Marbot, Lamarque, Lobau, Peré, Dejean fils, Hulin ; MM. Félix Lepelletier, Boulay de la Meurthe, Mehée-Latouche, Fressinet, Thibaudeau, Carnot, Harel, Barrère, Arrighi (de Padoue), Arnault, Pommereuil, Regnault-Saint-Jean-d'Angely, Réal, Garreau, Bouvier, Dumolard, Merlin de Douay, Durbach, Dirat, Defermon, Bory de Saint-Vincent, Félix Desporte, Garnier de Saintes, Mellinet, Cluys, Courtin, Forbin Janson, fils aîné, Lelorgne d'Ideville devaient quitter Paris dans les trois jours et se rendre dans les lieux désignés par le ministre de la police. Ceux de ces individus qui seraient condamnés à quitter le royaume par suite de l'ordonnance, devaient vendre leurs biens et en transporter le prix hors de France.

VII

SERVICES D'HONNEUR DE LA COUR DE LOUIS XVIII.

La Cour se divisait en plusieurs services réduits à quatre divisions : la grande aumônerie, la grande maîtrise, la chambre, l'écurie, toutes placées sous un haut dignitaire en fonction inamovible.

Le vieil archevêque de Reims, le cardinal de Talleyrand-Périgord, l'oncle de M. de Talleyrand, avait la grande aumônerie.

La grande maîtrise de l'hôtel était confiée à M. le prince de Condé, et, en survivance, au duc de Bourbon. Tout reposait sur le duc d'Escars, qui avait fait de l'art culinaire une étude. Il se piquait d'invention, réfléchissait sur un dîner comme sur un plan de campagne. M. de Cossé-Brissac avait la direction de la paneterie ; il remplaça depuis M. d'Escars. Le comte de Rothe était premier échanson ; mais l'homme tout-puissant dans la cuisine, c'était M. le mar quis de Montdragon, qui prenait les ordres d Roi pour son dîner.

M. le prince de Talleyrand s'était fait don ner l'office de grand chambellan, une des pre mières dignités de la Cour. On demandait u jour à M. de Talleyrand, en quoi consistaien ses fonctions; il répondit en souriant : « d'abord j'ai sur mes armes deux clefs d'or couronnées tout justement comme le Pape; je donne la che mise au Roi, et je ne cède cet honneur qu'au princes du sang et aux princes légitimés. A sacre, je chausse les bottines à Sa Majesté e lui mets sa tunique; ainsi vous voyez que je n sors pas de sa toilette : mais c'est au sacre, e nous n'en aurons pas sous ce règne, pas plu que de princes légitimés. »

M. de Talleyrand, tout en raillant ses fonc tions, n'en tenait pas moins à toutes le prérogatives de sa grande charge. Il était ra qu'on ne le vît assis sur son pliant d'honneu derrière le fauteuil du Roi. Il supportait ave son imperturbable résignation les disgrâces de l physionomie royale, les petites tracasseries qu Louis XVIII faisait essuyer à ceux de ses offi ciers qui ne pouvaient lui plaire. Le gran chambellan gardait sa place et sa dignité ; il aimait à se montrer dans cet appareil, comme pour faire oublier qu'il n'était pas bien en cour.

Dans les attributions de grand chambellan étaient placés les quatre premiers gentilshommes de la chambre : MM. de Richelieu, de Duras, d'Aumont et de La Châtre. Il était agréable pour le grand chambellan d'avoir sous ses ordres le duc de Richelieu qui l'avait remplacé au ministère. M. de Richelieu ne faisait pas son quartier de service. Le duc d'Aumont était alors en cour ; le roi avait pour lui de l'amitié, mais moins encore que pour M. le duc de La Châtre.

Le comte de Blacas, si aimé du Roi, et dont la disgrâce coûta tant à son cœur, avait reçu la grande maîtrise de la garde-robe. M. de Blacas n'était point en cour, on l'avait envoyé à Naples pour négocier le mariage du duc de Berri, et plus tard il fut ambassadeur à Rome. Le Roi conservait avec lui une correspondance intime ; mais il était dans son caractère d'oublier presque toujours ses favoris lorsqu'ils s'éloignaient de sa personne. Autant il les défendait et les protégeait auprès de lui, autant il les abandonnait avec promptitude une fois dans l'éloignement. Les deux maîtres de la garde-robe étaient aussi gentilshommes de nom et d'armes : le marquis d'Avaray et le marquis de Boisgelin ; ce dernier, dans les bonnes grâces de Monsieur, se conservait parfaitement en cour quoique l'ami particulier du prince de Talleyrand.

L'office de grand écuyer n'était pas rempli et Louis XVIII, aux motifs d'économie, ajoutait d'autres raisons : « Le premier et le plus beau devoir du grand écuyer, disait-il, est de me suivre lorsque je ferai mon entrée à cheval dans les villes conquises ; et je ne pense pas qu'avec mon âge et mes souffrances je conquière beaucoup de villes. On rirait de moi, si toutes les années, suivant l'usage, je disais au grand écuyer : « Mon cousin, faites confectionner mon heaume à la royale, ma cotte d'armes, mon écu mes gantelets et mes éperons. »

L'office de la grande vénerie était également en vacance. Le comte de Girardin prenait seulement le titre de capitaine commandant les chasses, avec le baron d'Hannecourt, capitaine de la chasse à courre. Le grand maître des cérémonies, le marquis de Dreux-Brezé, tenait son office par hérédité depuis Louis XIV. Le Roi qu respectait les usages, les traditions, lui avait conservé avec soin ses prérogatives, dans l'ordonnance de toutes les cérémonies, mariages, baptêmes de la famille royale, réception et audience solennelle des ambassadeurs.

Les quatre capitaines des gardes étaient le duc de Croï d'Havré, d'une illustre famille ; le duc de Gramont, le prince de Poix, le duc de Luxembourg. Les gouvernements des châteaux royaux étaient la récompense de vieux services et des dévouements éprouvés ; le prince de Poix avait celui de Versailles et de Trianon ; les Tuileries, qui n'étaient placées qu'en seconde ligne dans le cérémonial de la Cour, avaient pour gouverneur M. le marquis de Champcenets ; Saint-Germain, le comte Bozon de Périgord ; Compiègne, le vicomte de Montmorency ; Fontainebleau, le duc de Coigny ; Rambouillet, le duc de Serent ; le Louvre, le comte de Vaudreuil.

(Extrait du *Cérémonial de Cour.*)

VIII

LOUIS XVIII ET SON MINISTÈRE

(1818)

La plus grande crise qu'eut à subir le gouvernement parlementaire de Louis XVIII ce fut la démission simultanée de tous les ministres, à la suite du changement demandé à la loi d'élection et sur laquelle le Conseil ne put s'entendre :

« Sire, c'est avec un extrême regret, mais avec une détermination irrévocable, que je prie Votre Majesté d'agréer la démission du poste que j'occupe et que je viens mettre à vos pieds. La conviction intime où je suis de ne pouvoir plus être d'aucune utilité à votre service, Sire, ni au bien du pays, me détermine à cette démarche. J'espère que Votre Majesté voudra bien me dire à qui je dois remettre le portefeuille des Affaires-Étrangères. Les circonstances dans lesquelles je l'ai accepté, et tout ce qui s'est passé depuis plus de trois ans, doivent prouver à Votre Majesté que si je la supplie de me permettre de me retirer aujourd'hui, ce n'est pas faute ni de dévouement ni de courage.

« RICHELIEU. »

« Sire, la situation du ministère ne me laissant aucun espoir d'être utile à Votre Majesté et de justifier sa confiance en continuant à la servir, je viens la prier de recevoir ma démission et la supplie de me faire connaître à qui lui plaît que le portefeuille de la Marine soit remis.

« MOLÉ. »

« Sire, je supplie Votre Majesté d'agréer ma démission, et de me faire indiquer à qui je dois remettre le portefeuille de l'Intérieur. Permettez-moi, Sire, de vous demander la grâce de me laisser rentrer tout à fait dans la vie privée : comme député, j'essayerai de servir mon Roi et mon pays de tout mon dévouement.

« LAINÉ. »

(1) Le duc de Richelieu venait d'obtenir l'évacuation du territoire par l'étranger.

« Sire, j'apprends que M. le duc de Richelieu a cru devoir offrir sa démission au Roi. Si Votre Majesté se déterminait à l'accepter, je la supplie de permettre que je mette aussi la mienne à ses pieds ; je sens trop que, dans de telles circonstances, ma présence dans les affaires serait plus nuisible qu'utile au service du Roi. Sa Majesté connaît mon dévouement sans bornes ; si je perds le bonheur de la servir comme ministre, il me restera au moins la consolation de manifester en toute occasion, comme député, les sentiments et les principes qui ne esseront d'être au fond de mon cœur.

« PASQUIER. »

« Sire, une lettre de M. le comte Molé à M. le baron Pasquier m'apprend que M. le duc de Richelieu a prié Votre Majesté d'agréer sa démission. Cette détermination, si elle pouvait être irrévocable et avoir l'assentiment du Roi, me forcerait à mettre à ses pieds le portefeuille qu'il a bien voulu me confier depuis trois ans. Rien au monde ne pourrait m'engager à rester un instant au ministère après M. le duc de Richelieu. Votre Majesté, qui connaît ma résolution à cet égard, a bien voulu souvent l'approuver; je le dois d'autant plus, que la divergence d'opinion sur quelques points, ou plutôt sur un seul point entre les ministres, et particulièrement entre M. le duc de Richelieu et moi, a seule pu causer cette détermination. Dès l'instant que cette divergence a commencé à paraître, j'ai manifesté au Roi et à M. le duc de Richelieu l'intention de me retirer; je dois l'exécuter aujourd'hui et ne pas priver le Roi du service de M. le duc de Richelieu. Bien sûr que Votre Majesté est certaine, et aussi M. le duc de Richelieu lui-même, que tous les deux me trouveront toujours prêt, hors du ministère comme au dedans, à faire tout ce qui sera utile au service de Votre Majesté et au succès de son gouvernement, auquel j'appartiendrai toujours de vœux et d'intention, comme j'appartiendrai de cœur et d'âme à Votre Majesté, tant que j'aurai une goutte de sang dans les veines.

« DECAZES. »

(Extrait d'un *Mémoire autographe de Louis XVIII.*)

IX

Dans mon travail sur *la Restauration*, j'a résumé le règne de Louis XVIII par quelque: appréciations : « A mesure que les événe-ments s'éloignent, la postérité place haut le nom de Louis XVIII. Quand on compare la France telle que la prit la Restauration, envahie, désolée, sans crédit, sans prospérité, avec une dette immense, des charges accablantes, et la France telle que Louis XVIII la laissa, brillante de prospérités, on se demande si le prince qui fit tant pour le pays ne mérite pas la haute place que réserve la reconnaissance des peuples. Le temps marche, les idées se rectifient ; une nation sérieuse ne s'attache plus aux poétiques désolations de la conquête. Louis XVIII rem-plit son règne d'institutions utiles, fonda la liberté ! la liberté que la Restauration a faite ; car, je le demande, où étaient les idées libérales en 1813 ? «

« La Charte, œuvre plus ou moins parfaite, façonna la nation aux idées constitutionnelles ;

elle jeta le pays dans des conditions nouvelles : la tribune, la presse libres. Et à qui devons-nous ces garanties, si ce n'est à Louis XVIII, à l'esprit qu'il imprima à la Restauration ? Cet esprit était sa conviction propre ; tous ceux qui ont connu le Roi, savent s'il aimait la Charte ; il la considérait comme son plus beau titre aux yeux de la postérité. Louis XVIII était modéré par caractère et par réflexion ; le système de M. Decazes fut la plus intime expression de sa pensée ; il voulait contenir les intérêts de la Révolution dans de justes bornes et comprimer les impatiences des vieilles idées ; il fut un obstacle puissant à la contre-révolution ; quand elle triompha, déjà il n'était plus lui-même, il était mort pour la France.

« La raison de Louis XVIII était droite ; au conseil, rarement il inclinait pour les partis violents ; il savait que, dans un pays agité par les révolutions, les termes moyens sont encore ce qui vit le plus longtemps. Il aimait à dire dans l'intimité que « ce qu'il avait de mieux à imiter, c'étaient les gasconnades de Henri IV, » c'est-à-dire ce système de balancement qui permet à tous d'espérer et à personne de se plaindre. Comme homme privé, Louis XVIII n'avait qu'un très-petit nombre d'amitiés, mai elles étaient vives, je dirai presque exagé rées; il aimait à afficher la sensibilité, sensi bilité un peu oublieuse dès que l'objet aim s'éloignait de la Cour et de la société du Roi M. de Blacas succomba sous M. Decazes, e M. Decazes fut sacrifié à une autre influence La conversation de Louis XVIII était pleine d faits; il contait l'anecdote avec esprit: quan on l'écoutait bien, et c'est chose difficile de bier écouter, il était satisfait de lui, et de son auditeur encore plus que de lui-même; son espri était éminemment classique. Une mémoire heureuse le mettait à même de réciter des strophes tout entières des odes d'Horace ou des poétiques chants de Virgile. Heureux le courtisan qui pouvait répondre par une autre strophe! On faisait pour cela des travaux prodigieux, et M. Beugnot suait en scandant quelques mille vers pour complaire à son souverain. Louis XVIII avait la prétention d'écrire; il possédait, en effet, ce que l'aristocratie a pardessus tout, l'art infini de composer un petit billet, de dire beaucoup de petites choses et des riens avec bonheur. Son *Voyage à Coblentz* est l'expression tout à la fois de cette sensiblerie royale et de cet esprit qui s'appesantit sur un mauvais repas d'auberge et sur une perruque mal soignée.

« Louis XVIII aimait le pouvoir. Pénétré des grandes destinées de sa maison, il en avait la dignité et la fierté glorieuses ; il était généreux pour le pauvre et pour ses courtisans, égoïste pour ses plaisirs. Les souffrances avaient un peu gâté son caractère ; il était devenu inquiet, grondeur. Le Roi savait apprécier les grandes choses ; il voulait être obéi, parce qu'il portait la couronne ; en résumé, homme de son siècle, comprenant la France nouvelle et ses besoins. Ses défauts venaient de ses habitudes d'enfance et de son éducation. Pouvait-il se séparer tout à fait de cette idée qu'il y avait eu autrefois une monarchie française absolue prépondérante ? On fut injuste envers lui ; il avait tout fait pour la vieille armée, accueilli ses débris, encouragé toutes les gloires par des mots heureux, par des saillies bienveillantes ; la vieille armée souvent tourna en ridicule les infirmités de sa vie. Eh bien ! avec un tact parfait, il ne s'en aperçut pas et continua son système de balancement et de fusion » (Extrait de l'*Histoire de la Restauration*.)

PARIS. — E. DE SOYE, IMPRIMEUR, 2, PLACE DU PANTHÉON.

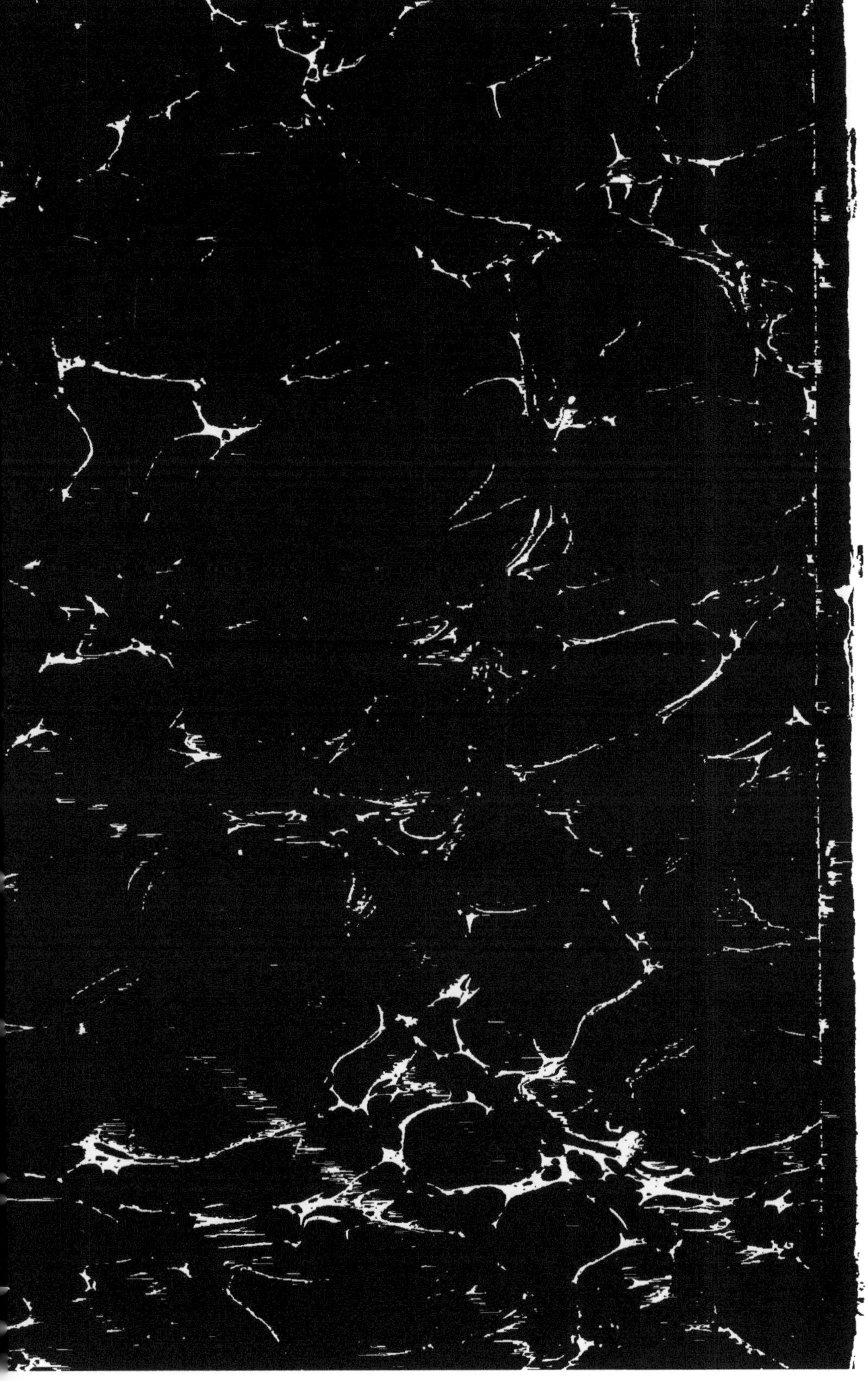